Das bietet Ihnen die CD-ROM

- Aktuelle Düsseldorfer Tabelle zur Berechnung des Unterhalts
- Aktuelle Berliner Tabelle
- Musterbriefe und Urteile

Wie werde ich wieder Single?
Habe ich alle Unterlagen für den ersten Anwaltstermin?
Muster für eine Scheidungsfolgenvereinbarung
Regelungspunkte vor der Trennung
Vorläufige Regelungen während der Trennungszeit

Was muss ich beim Getrenntleben beachten?
Musterbrief für eine Trennung ohne Auszug
Musterbrief für Trennung und Auszug
Habe ich mir vor der Trennung alle wichtigen Unterlagen gesichert beziehungsweise besorgt?
Was gehört zum Hausrat?
Mustervereinbarung für die Hausratsaufteilung
Musterbrief für einen Antrag auf Zusammenveranlagung beim Finanzamt
Musterbrief für einen Antrag auf Aufteilung der Steuerschuld beim Finanzamt

Wie wird der Kindesunterhalt berechnet?
Düsseldorfer Tabelle
Musterbrief für einen Antrag auf Zahlung von Kindergeld
Berliner Tabelle

Wie viel und wie lange muss ich Ehegattenunterhalt zahlen?
Konkrete Bedarfsberechnung im Ehegattenunterhalt
Mustererklärung für ein begrenztes Realsplitting

Hausrat – Trockner für meine Frau, Stereoanlage für mich?
Musterbrief für die Entlassung aus dem gemeinsamen Mietverhältnis

Streiten bis zuletzt – wer zahlt das?
Adressen

Darüber hinaus enthält die CD-ROM die wichtigsten Gesetzestexte, damit Sie sie im Wortlaut nachlesen können.
Überall, wo Sie das Icon oder den Hinweis auf die CD-ROM sehen, finden Sie die Texte vollständig im DIN-A4-Format auf der CD-ROM – direkt zum Übernehmen in Ihre Textverarbeitung.

CD-ROM

Bibliografische Information Der Deutschen Bibliothek
Die Deutsche Bibliothek verzeichnet diese Publikation in der Deutschen Nationalbibliografie; detaillierte bibliografische Daten sind im Internet über <http://dnb.ddb.de> abrufbar.

ISBN 3-448-06119-0 Bestell-Nr. 04671-0003
1. Auflage 2001 (ISBN 3-448-04389-3)
2. Auflage 2002 (ISBN 3-448-04992-1)
3. Auflage 2004

Postanschrift: Postfach 13 63, 82142 Planegg
Redaktionsanschrift: Fraunhoferstraße 5, 82152 Planegg
Telefon (089) 8 95 17-0, Telefax (089) 8 95 17-2 50
Internet: http://haufe.de/, E-Mail: erste-hilfe@haufe.de
Lektorat: Stephan Kilian, Jasmin Jallad

Idee & Konzeption: Dr. Matthias Nöllke, Textbüro Nöllke München
Umschlaggestaltung: Luxus Medien – Daniel Gunia, 86836 Graben
Gesamtbetreuung, Lektorat und DTP: Ariadne-Buchkonzeption, Christine Proske, 81667 München
Redaktion: Gabi Ernst
Druck: Schätzl Druck, 86609 Donauwörth

Dieses Buch benötigt und gehört:
Thorsten Bart

Jochem Schausten

Trennung, Scheidung, Unterhalt für Männer

Inhalt

Vorwort

In Deutschland wird heute fast jede zweite Ehe geschieden und die Tendenz ist steigend. Leider kommt es im Verlauf von Scheidungsverfahren häufig zu erheblichen Streitereien zwischen den Beteiligten. Dieser Ratgeber informiert Sie umfassend über Ihre Möglichkeiten, aber auch Ihre Grenzen im Rahmen eines Scheidungsstreits.

Unterschiedliche Taktiken

Sie fragen sich vielleicht, warum sich dieses Buch nur an Männer wendet, schließlich ist doch das Gesetz für Männer und Frauen das gleiche. Darin ist Ihnen natürlich zuzustimmen! Doch es leuchtet Ihnen sicherlich ein – auch wenn zwei mit der gleichen „Waffe" kämpfen, können sie dennoch unterschiedliche Taktiken anwenden. Die richtige Taktik zu finden und anzuwenden und keine unnötigen Fehler zu machen, dabei soll Ihnen dieser Ratgeber eine Hilfe sein.

Traditionelle Rollenverteilung

Überdies sind Sie hier nicht als Mann an sich angesprochen, sondern vielmehr als Mann, der nach einer Trennung und Scheidung Unterhalt zahlen muss, die Kinder nicht mehr bei sich hat, aus der Ehewohnung ausziehen musste und vermutlich auch Zugewinn zahlen muss, also verpflichtet ist, seiner Frau einen Teil des Vermögens, das während der Ehe erwirtschaftet wurde, auszuzahlen. Obwohl seit vielen Jahren von Emanzipation geredet wird, ist es in den meisten Familien auch heute noch so, dass die Rollen von Mann und Frau traditionell verteilt sind. Sie hält den Haushalt in Schuss, erzieht die Kinder und hat manchmal noch eine Teilzeitbeschäftigung. Er ist voll berufstätig und sorgt so für das finanzielle Auskommen der Familie.

„Scheidungskrieg" kostet Nerven und Zeit

Unterschiedliche Interessen im Zusammenhang mit der Trennung und Scheidung ergeben sich also nicht aus dem Geschlecht, sondern vielmehr aus den innerhalb der Ehe gelebten Rollen der Ehepartner. Wenn Sie ausnahmsweise nicht zu den Männern zählen, die unterhaltspflichtig sind, die sich womöglich ein Umgangsrecht mit ihren Kindern erstreiten müssen, die aus der Ehewohnung ausgezogen sind und später mit Einbußen bei der Rente zu rechnen haben, dann sollten Sie sich besser den im gleichen Verlag erscheinenden Band für Frauen kaufen. Ansonsten liegen Sie mit diesem Ratgeber richtig! Auf den folgenden Seiten erfahren Sie aber auch, dass ein „Scheidungskrieg" letztendlich nur Zeit und Geld kostet. Behalten Sie zur gütlichen Lösung Ihrer Trennungs- und Scheidungsprobleme deshalb immer auch die Möglichkeit einer Mediation im Auge. Hier bietet sich für Sie und Ihre Frau die Chance, unter professioneller Anleitung gemeinsam alle notwendigen Fragen für die Zeit nach der Scheidung zu regeln.

Musterbriefe und Checklisten

Musterbriefe zu wichtigen Vereinbarungen sowie Checklisten, die Ihnen die einzelnen Schritte erleichtern sollen, sind in den einzelnen Kapiteln des Buchs abgedruckt und auch auf der beigefügten CD-ROM enthalten. Nutzen Sie die vielen Tipps und Empfehlungen, um für alle Fragen, die sich in Ihrem Scheidungsverfahren stellen, eine faire Lösung zu finden. Sie können auch direkt mit mir Kontakt aufnehmen über: RASchausten@wengersky.de.

CD-ROM

Auf der beiliegenden CD-ROM finden Sie darüber hinaus die wichtigsten Gesetzestexte, Musterverträge und weitere Informations- sowie Arbeitsmaterialien zum Thema.

Wie werde ich wieder Single?

Hochzeit und Scheidung

So sicher, wie Sie bei der Hochzeit, zumindest wenn Sie in Deutschland geheiratet haben, beim Standesbeamten gewesen sind, so sicher müssen Sie bei einer Ehescheidung zum Gericht: In Deutschland wird man grundsätzlich von dem örtlich zuständigen Amtsgericht geschieden.

Wir können nicht mehr zusammen leben – was ist zu tun?

Der Antrag auf Ehescheidung kann nur von einem Rechtsanwalt beim Gericht gestellt werden, das heißt, dass Sie oder Ihre Frau zunächst mindestens eine Rechtsanwältin/einen Rechtsanwalt brauchen, um überhaupt geschieden zu werden.

Experten-Tipp

Rechtsanwälte vertreten nur einen Ehegatten

Beachten Sie dabei aber: Rechtsanwälte können immer nur einen Ehegatten vertreten, niemals beide gleichzeitig! Das bedeutet natürlich nicht, dass Sie nicht gemeinsam mit Ihrer Frau zu einem Rechtsanwalt gehen können, um sich dort beraten zu lassen.

To Do

So finde ich einen guten Anwalt

Am einfachsten ist es natürlich für Sie, wenn Sie sich Empfehlungen von Freunden oder Bekannten holen. Andernfalls schauen Sie doch mal in den Gelben Seiten nach, welche Fachanwälte für Familienrecht sich dort eingetragen haben.

Das gibt Ihnen zwar nicht unbedingt eine Garantie, doch weist es auf Erfahrungen in diesem Bereich hin. Bei einem solchen Anwalt können Sie davon ausgehen, dass er sich besonders weitergebildet, schon eine Vielzahl von familienrechtlichen Mandaten betreut und sich dadurch diesen Titel erworben hat.

Checkliste

Habe ich alle Unterlagen für den ersten Anwaltstermin?	Ja	Nein
Heiratsurkunde		
Geburtsurkunde der Kinder		
Verdienstnachweise und letzten Steuerbescheid (eigene und des Ehegatten)		
Bei Immobilienvermögen: Grundbuchauszüge und Darlehensverträge		
Bei Schulden: Darlehensverträge/Kontoauszüge		
So weit vorhanden weitere Unterlagen zu Vermögen/Verbindlichkeiten		

Worksheet auf CD-ROM

Was sind die Voraussetzungen für eine Scheidung?

Der Gesetzgeber hat die Voraussetzungen, unter denen eine Ehe geschieden werden kann, in den §§ 1565 ff. des Bürgerlichen Gesetzbuchs (BGB) geregelt. Im Gegensatz zu dem früher herrschenden Schuldprinzip wurde mit der Eherechtsreform von 1977 das Zerrüttungsprinzip zum Maßstab dafür gemacht, ob eine Ehe geschieden werden kann. Zerrüttet ist eine Ehe, wenn die Eheleute dauernd getrennt leben in der Absicht, sich scheiden zu lassen, und eine Wiederherstellung der ehelichen Lebensgemeinschaft nicht erwartet werden kann.

Experten-Tipp

Wie und wann kann das zuständige Gericht die Zerrüttung einer Ehe beweisen?

Das Gericht muss sich von der Zerrüttung der Ehe selbst überzeugen, indem es die Parteien befragt. Der Gesetzgeber hat verschiedene gesetzliche Vermutungen aufgestellt, die es dem/den scheidungswilligen Ehegatten erleichtern, die Zerrüttung zu beweisen.

So gilt beispielsweise eine Ehe als gescheitert, wenn die Eheleute mindestens ein Jahr getrennt leben und beide einen Scheidungsantrag stellen, oder der eine dem Scheidungsantrag des anderen zustimmt. Der Gesetzgeber vermutet nach Ablauf von drei Jahren seit der Trennung sogar unwiderlegbar, dass die Ehe gescheitert ist, egal ob der andere Ehegatte zustimmt oder nicht. ◂

Kann eine einvernehmliche Scheidung funktionieren?

Guter Wille

Auch wenn es sich für Sie im Moment paradox anhören mag und Sie sich überhaupt nicht vorstellen können, mit dem Ehepartner überhaupt noch etwas einvernehmlich zu regeln: Es geht mit einem bisschen guten Willen auf beiden Seiten.

Außerdem: Bei einer einvernehmlichen Scheidung sparen Sie Zeit, Geld und Nerven – drei wichtige Argumente in einem Scheidungsverfahren. Voraussetzungen für die einvernehmliche Scheidung sind:

- Die Eheleute leben mindestens ein Jahr getrennt (mehr zum Getrenntleben s. Seite 25 ff.).
- Beide Ehegatten stellen einen Scheidungsantrag oder ein Ehegatte stellt den Scheidungsantrag und der andere stimmt zu.
- Die Eheleute legen dem Gericht eine Scheidungsfolgenvereinbarung vor, in der die Punkte Sorgerecht/Umgangsrecht für die gemeinsamen Kinder (natürlich nur, wenn welche da sind), Aufteilung des Hausrats, Unterhaltsfragen und Ausgleich des Zugewinns geregelt sind.

Scheidungsfolgenvereinbarung

Scheidungsfolgenvereinbarung

Musterbeispiel

Das nachfolgende Musterbeispiel einer Scheidungsfolgenvereinbarung der Familie Schmidt mit den Kindern Franziska und Ernst soll Ihnen einen Eindruck vermitteln, welche Scheidungsfolgen auf diesem Weg geregelt werden können. Die Vereinbarung muss natürlich immer den Umständen Ihres persönlichen Falls angepasst werden. Außerdem sollten Sie eine solche Vereinbarung nicht abschließen, ohne dass Ihr Anwalt sie überprüft hätte. Vergessen Sie bitte auch nicht, dass sie immer der notariellen Beurkundung beziehungsweise der gerichtlichen Protokollierung bedarf, wenn Regelungen hinsichtlich des Zugewinns oder der Übertragung eines Hausgrundstücks enthalten sind. Denn andernfalls sind die getroffenen Vereinbarungen nicht rechtswirksam.

Sie sollten es auch unterlassen, beispielsweise aus Kostengründen einen Teil der Scheidungsfolgen notariell beurkunden oder gerichtlich protokollieren zu lassen, während Sie andere Teile privatschriftlich regeln. Dann laufen Sie nämlich Gefahr, dass sowohl der notariell beurkundete als auch der privatschriftliche Teil unwirksam sind, weil sie nicht in einer einheitlichen Urkunde zusammengefasst sind.

Muster einer Scheidungsfolgenvereinbarung

Muster einer Scheidungsfolgenvereinbarung

§ 1 Elterliche Sorge

Die Parteien sind sich darüber einig, dass das Sorgerecht für die gemeinsamen Kinder Ernst, geboren am 5.3.1996, und Franziska, geboren am 8.8.1998, beiden Elternteilen gemeinsam verbleiben soll. Die Parteien stimmen darin überein, dass die Kinder ihren gewöhnlichen Aufenthalt bei der Mutter haben.

§ 2 Umgangsrecht

Der Vater erhält ein großzügiges Umgangsrecht mit den Kindern. Er holt die Kinder an jedem zweiten Wochenende freitags um 18.00 Uhr ab und bringt sie sonntags um 18.00 Uhr zu der Mutter zurück. Die Parteien verpflichten sich, für Ferienzeiten und Feiertage einvernehmliche Regelungen zu finden.

§ 3 Kindesunterhalt

Der Ehemann verpflichtet sich, für die Kinder Ernst und Franziska monatlich im Voraus Unterhalt in Höhe von 142 Prozent des Regelsatzes der Düsseldorfer Tabelle gemäß der jeweiligen Altersstufe abzüglich des auf das jeweilige Kind entfallenden Kindergeldes an die Kindsmutter zu zahlen. Das Kindergeld soll an die Kindsmutter unmittelbar ausgezahlt werden. Der Ehemann erzielt derzeit ein durchschnittliches monatliches Nettoeinkommen in Höhe von 2.400 Euro.

§ 4 Nachehelicher Ehegattenunterhalt

Der Ehemann verpflichtet sich, an die Ehefrau einen monatlich im Voraus zu zahlenden nachehelichen Ehegattenunterhalt in Höhe von 800 Euro zu zahlen.

§ 5 Hausrat und Ehewohnung

Die Parteien haben den Hausrat bereits aufgeteilt. Die im Besitz eines jeden Ehegatten befindlichen Gegenstände sollen in dessen Alleineigentum übergehen. Eine Ausgleichszahlung erfolgt nicht.

Die Ehefrau will mit den gemeinsamen Kindern in der Ehewohnung verbleiben. Beide Parteien verpflichten sich, alle notwendigen Schritte zu unternehmen und Erklärungen abzugeben, die erforderlich sind, dass der Ehemann aus dem Mietvertrag entlassen wird.

Endet das Mietverhältnis, verpflichtet sich die Ehefrau bereits jetzt, dem Ehemann die Hälfte der vom Vermieter erstatteten Kaution zu zahlen.

§ 6 Zugewinn

Die Parteien heben den Güterstand der Zugewinngemeinschaft auf. Sie sind sich darüber einig, dass ein Zugewinn während der Ehe nicht erzielt worden ist. Rein vorsorglich verzichten sie gegenseitig auf etwaige bestehende Zugewinnausgleichsansprüche und nehmen diesen Verzicht gegenseitig an.

§ 7 Versorgungsausgleich

Der Versorgungsausgleich soll gemäß den gesetzlichen Vorschriften durchgeführt werden.

§ 8 Kosten

Die Kosten dieser Vereinbarung und der Ehescheidung tragen beide Parteien je zur Hälfte.

Ort, Datum Unterschrift Ehefrau Unterschrift Ehemann

Eine ähnliche Vereinbarung sollte auch am Ende eines Mediationsverfahrens vorliegen. Sicherlich wird diese wesentlich umfangreicher sein, als das oben aufgeführte Beispiel. Auf jeden Fall ersehen Sie hieraus jedoch, welche Punkte im Zusammenhang mit der Ehescheidung unbedingt geregelt werden müssen beziehungsweise sollten (mehr zur Mediation s. Kapitel „Streiten bis zuletzt – wer zahlt das?).

So können Sie sich die Scheidungsfolgenvereinbarung kostengünstig beurkunden lassen

Diese Vereinbarung kann beim Termin zur mündlichen Verhandlung vor dem Richter beurkundet werden! Das spart die Kosten einer notariellen Beurkundung. Aber: In diesem Fall muss jede Partei zumindest beim Termin zur mündlichen Verhandlung durch einen Anwalt vertreten sein. Dafür gibt es so genannte Fluranwälte. So benötigt nicht jeder Ehegatte einen eigenen Rechtsanwalt. Reden Sie mit Ihrem Anwalt, ob das für Sie infrage kommt!

Brauchen wir eine Scheidungsfolgenvereinbarung?

Ablauf des Trennungsjahres

Sie können auch dann nach Ablauf des Trennungsjahres geschieden werden, wenn Sie dem Gericht keine Scheidungsfolgenvereinbarung vorlegen. Unabdingbar ist in diesem Fall jedoch, dass Sie und Ihre Frau einen Scheidungsantrag stellen oder ein Ehegatte dem Antrag des anderen zustimmt.

To Do

Scheidung ohne Scheidungsfolgenvereinbarung – fragen Sie Ihren Anwalt

Es soll noch einige Gerichte in Deutschland geben, die diese Möglichkeit der Ehescheidung ablehnen. Fragen Sie bitte Ihren Anwalt vor Ort, wie das dortige Gericht diese Frage handhabt.

Wenn irgend möglich, sollten Sie und Ihre Frau sich aber auf eine Scheidungsfolgenvereinbarung einigen, weil die gerichtlich protokollierte Scheidungsfolgenvereinbarung die einfachste und kostengünstigste Möglichkeit darstellt, sämtliche mit der Ehescheidung verbundenen Fragen vollständig und endgültig zu regeln.

Außerdem ist die gerichtlich protokollierte Scheidungsfolgenvereinbarung, sofern sie beispielsweise Unterhaltsfragen regelt, ein Dokument, anhand dessen die Zwangsvollstreckung betrieben werden kann. Eine solche Vorgehensweise ist dagegen mit einer privatschriftlichen Vereinbarung, die Sie gemeinsam mit Ihrer Frau am heimischen Küchentisch gezaubert haben, nicht möglich!

Experten-Tipp

Die Scheidungsfolgenvereinbarung hilft Kosten sparen

In einer gerichtlich protokollierten Scheidungsfolgenvereinbarung kann sogar die Übertragung eines Grundstücks geregelt werden. Sie ersparen sich damit gegebenenfalls erhebliche Notarkosten!

Kann ich nach drei Jahren auf jeden Fall geschieden werden?

Drei Tren-nungsjahre

Hat Ihre Frau es aus irgendwelchen Gründen geschafft, das Gericht nach Ablauf der einjährigen Trennungszeit davon zu überzeugen, dass die Ehe nicht gescheitert ist, nützt ihr das nach einem Zeitraum von drei Trennungsjahren nichts mehr. Denn ab diesem Zeitpunkt wird unwiderlegbar vermutet, dass die Ehe gescheitert ist (§ 1566 Abs. 2 BGB). Dann kann sie also auch gegen den Willen des scheidungsunwilligen Ehegatten geschieden werden.

Hat eine streitige Härtescheidung Aussicht auf schnelleren Erfolg?

Unzumutbare Härte

Der Gesetzgeber hat geregelt, dass die Ehe vor Ablauf des Trennungsjahres nur geschieden werden kann, wenn die Fortsetzung der Ehe für den Ehegatten, der die Scheidung begehrt, aus Gründen, die in der Person des anderen Ehegatten liegen, eine unzumutbare Härte darstellen würde. Was heißt das? Gute Frage – im Zuge sich wandelnder Moralvorstellungen wird die unzumutbare Härte immer seltener von den Gerichten bejaht. Während früher das Zusammenleben des anderen Ehegatten mit einem neuen Lebenspartner bereits eine unzumutbare Härte bedeutete, gilt dies heute nur noch, wenn dieser Umstand für den Ehegatten, der darauf die Scheidung vor Ablauf des Trennungsjahres stützen will, durch weitere Umstände besonders unangenehm ist. Sind Sie zum Beispiel Oberbürgermeister Ihrer Heimatstadt und Ihre Frau hat gerade eine Liaison mit dem Vorsitzenden der Oppositionspartei, könnte das eine unzumutbare Härte darstellen. Normalerweise reicht es für eine streitige Härtescheidung jedoch nicht aus, dass Ihre Frau mit einem neuen Partner zusammenlebt.

Praxis-Beispiel

Ein Fall für die Härtescheidung

Wenn Ihre Ehefrau von einem neuen Lebensgefährten schwanger ist, können Sie durch einen Antrag auf Scheidung vor Ablauf des Trennungsjahres erreichen, nicht qua Gesetz zunächst als der Vater des Kindes angesehen zu werden. Denn selbst wenn das Kind nur einen Tag nach Rechtskraft des Scheidungsurteils geboren wird, gilt der geschiedene Ehemann nach dem seit Mitte 1998 geltenden Abstammungsrecht nicht mehr als der Vater des Kindes. ◂

Experten-Tipp

Eine Härtescheidung kann Ihnen finanzielle Vorteile bringen

Manchmal bietet es sich an, beim Amtsgericht einen an und für sich unbegründeten Scheidungsantrag unter Berufung auf eine unzumutbare Härte zu stellen, um die Rechtshängigkeit des Scheidungsverfahrens zu erreichen. Ein Scheidungsantrag ist dann rechtshängig, wenn er der Gegenseite durch die Post zugestellt wird. Davon zu unterscheiden ist die Anhängigkeit. Anhängig ist ein Scheidungsantrag, wenn er bei Gericht eingegangen ist.

Denn mit der Rechtshängigkeit sind die Stichtage für die Berechnung des Endvermögens im Zugewinnausgleich (s. Seite 94 f.) und für die Anrechnung von Rentenanwartschaften im Versorgungsausgleich (s. Seite 125 ff.) gesetzt! Diese Vorgehensweise erfordert aber die genaue Kenntnis der örtlichen Gerichtspraxis, das heißt wie dort mit solchen Anträgen umgegangen wird, da mit diesem Schritt finanzielle Risiken verbunden sind. Besprechen Sie sich deshalb unbedingt mit Ihrem Anwalt! ◂

Kann meine Frau die Scheidung verhindern?

Ja! Aber zugegebenermaßen ist das eher unwahrscheinlich. In § 1568 BGB hat der Gesetzgeber zwei Alternativen niedergelegt, die – wenn deren Voraussetzungen gegeben sind – eine Ehescheidung verhindern können, obwohl die Ehe als gescheitert gilt.

Wohl der Kinder

Zum einen stellt der Gesetzgeber auf das Wohl der gemeinschaftlichen Kinder ab. Die Ehe soll dann nicht geschieden werden, wenn und solange es im Interesse der aus der Ehe hervorgegangenen minderjährigen Kinder aus besonderen Gründen ausnahmsweise notwendig ist, die Ehe aufrechtzuerhalten. Zum anderen soll eine Ehe nicht geschieden werden, wenn und solange die Scheidung für den Ehegatten, der sie ablehnt, aufgrund außergewöhnlicher Umstände eine derartig schwere Härte darstellen würde, dass es ausnahmsweise geboten erscheint, die Ehe fortzuführen.
Sie sehen, dass es ist nicht sehr wahrscheinlich ist, dass es Ihrer Frau möglich sein wird, die Ehescheidung unter Berufung auf diesen Paragraphen hinauszuzögern.

Welche Regelungen werden bei der Scheidung getroffen?

Versorgungsausgleich

Der Gesetzgeber hat in der Zivilprozessordnung (ZPO) vorgesehen, dass im Verbund mit der Ehescheidung der Versorgungsausgleich durchzuführen ist. Im Verbund bedeutet, dass ein Scheidungsurteil nur ergehen darf, wenn das Verfahren über die Durchführung des Versorgungsausgleichs ebenfalls entscheidungsreif ist. Das Verfahren über den Versorgungsausgleich erfolgt immer dann, wenn Sie nicht vorher wirksam im Rahmen eines Ehevertrags vereinbart haben, dass ein Versorgungsausgleich nicht stattfinden soll. Genauere Einzelheiten hierzu und zum Versorgungsausgleich finden Sie auf Seite 125 ff.

Sorge- oder Umgangsrecht

Andere Fragen, die im Zusammenhang mit der Ehescheidung anstehen, wie beispielsweise das Sorge- oder Umgangsrecht für gemeinsame Kinder, der Ausgleich des während der Ehezeit erworbenen Vermögens, die Leistung von Ehegatten- und Kindesunterhalt oder die Aufteilung des Hausrats können, müssen aber nicht im Zusammenhang mit dem Scheidungsurteil geregelt werden.

Scheidungsverbund

Wenn diese Verfahren aber in den so genannten Scheidungsverbund aufgenommen wurden, gilt auch hier das oben bereits Erwähnte: Ein Scheidungsurteil kann grundsätzlich nur ergehen, wenn auch diese Angelegenheiten, die man als Folgesachen bezeichnet, entscheidungsreif sind – also zum Beispiel der auszugleichende Zugewinn feststeht oder der nachehelich zu zahlende Ehegattenunterhalt ermittelt wurde.

Am besten – und kostengünstigsten – ist es, wenn Sie all diese Fragen mit Ihrer Frau selbst regeln und das fertige Paket Ihrem Anwalt vorlegen.

To Do

Regelungspunkte vor der Trennung

- Einigen Sie sich mit Ihrem Ehegatten über den Verbleib der Kinder.
- Einigen Sie sich mit Ihrem Ehegatten über den Umgang mit den Kindern.
- Einigen Sie sich mit Ihrem Ehegatten über die Aufteilung des Hausrats. Dokumentieren Sie schriftlich, ob es sich bei der Aufteilung um eine vorläufige oder eine endgültige handeln soll. Im zweiten Fall sollten Sie festhalten, ob ein Ehegatte dem anderen eine Ausgleichszahlung schuldet.
- Einigen Sie sich mit dem Ehegatten, wer in der Ehewohnung verbleibt und wer zukünftig die Miete bezahlt. Wenn Sie gemeinsame Mieter der Wohnung sind, versuchen Sie mit dem Vermieter eine Einigung dahingehend herbeizuführen, dass er denjenigen, der aus der Wohnung auszieht, aus dem Mietvertrag entlässt.
- Einigen Sie sich mit Ihrem Ehegatten, wer zukünftig für die gemeinsamen Schulden aufkommt. Versuchen Sie mit dem Darlehensgeber eine Einigung dahingehend zu finden, dass er den anderen Ehegatten aus dem Darlehensvertrag entlässt.

- Einigen Sie sich mit Ihrem Ehegatten, wer zukünftig die Prämien für die verschiedenen Versicherungen bezahlt. Denken Sie insbesondere an die Prämien für die Haftpflichtversicherungen!
- Einigen Sie sich darüber, wie viel Unterhalt vom anderen Ehegatten an Sie und die Kinder zu zahlen ist – gegebenenfalls unter Hinzuziehung eines Rechtsanwalts. ◂

Worksheet auf CD-ROM

Wie lange dauert es, bis ich geschieden bin?

Normales Scheidungsverfahren

Der Zeitraum, bis eine Scheidung rechtskräftig wird, kann unterschiedlich lang sein. Ein normales Scheidungsverfahren, das von beiden Parteien zügig betrieben wird, dauert in der Regel vier bis sechs Monate. Voraussetzung dafür ist, dass Sie und Ihre Frau insbesondere die Ihnen übersandten Formulare zum Versorgungsausgleich schnellstmöglich ausfüllen und an das Gericht oder Ihren Rechtsanwalt zurückleiten. Wenn außer dem Versorgungsausgleich noch andere Verfahren gleichzeitig mit der Ehescheidung entschieden werden sollen, führt dies zu einer Verzögerung. So kann ein Scheidungsverfahren auch mehrere Jahre dauern!

Vorläufige Regelungen während der Trennungszeit

Einstweiliges Rechtsschutzverfahren

Folgende Punkte können durch das Familiengericht in einem einstweiligen Rechtsschutzverfahren ab der Trennung zügig geregelt werden:

- Übertragung des Sorgerechts auf einen Elternteil
- Umgangsrecht des nicht betreuenden Elternteils
- Herausgabe des Kindes an den sorgeberechtigten Elternteil
- Unterhalt für die Kinder
- Unterhalt für den Ehegatten
- Zuweisung/Benutzung der Ehewohnung
- Aufteilung des Hausrats
- Herausgabe der zum persönlichen Gebrauch bestimmten Sachen
- Fragen wie Prozesskostenvorschüsse, Belästigungverbote, unter Umständen auch die Rückschaffung von Gegenständen, die der andere Ehegatte beim Auszug mitgenommen hat

CD-ROM

Vor welchem Gericht findet das Scheidungsverfahren eigentlich statt?

Der Gesetzgeber hat in § 606 ZPO die örtliche Zuständigkeit der Gerichte für das Scheidungsverfahren geregelt und dabei verschiedene Alternativen festgelegt. Diese stehen in einem so genannten Stufenverhältnis zueinander. Das heißt, dass eine Zuständigkeit nach der nächsten Stufe nur dann in Betracht kommt, wenn die Voraussetzungen der vorherigen Stufe nicht gegeben waren.

Praxis-Beispiel

Die Ehepartner bleiben im selben Ort wohnen

Die Eheleute Müller haben vor ihrer Trennung gemeinsam in Frankfurt gelebt, nach der Trennung haben Sie beide eine eigene Wohnung ebenfalls in Frankfurt angemietet.

Hier kommt die erste Alternative zum Tragen. § 606 Abs. 1 Satz 1 ZPO bestimmt die ausschließliche örtliche Zuständigkeit des Gerichts, in dessen Bezirk die Ehegatten ihren gemeinsamen gewöhnlichen Aufenthalt haben. Unter gewöhnlichem Aufenthalt versteht der Gesetzgeber primär den Ort, an dem eine Person mit Hauptwohnsitz gemeldet ist. Ist ein solcher Hauptwohnsitz nicht begründet, gilt als Ort des gewöhnlichen Aufenthalts der Ort, an dem die Person sich überwiegend oder regelmäßig aufhält.
Im obigen Fall wäre deshalb das Amtsgericht – Familiengericht – Frankfurt für die Scheidung der Eheleute örtlich zuständig.

Praxis-Beispiel

Ein Ehegatte zieht mit dem Kind in eine andere Stadt

Die Eheleute Müller haben mit der gemeinsamen minderjährigen Tochter Julia in Frankfurt gewohnt. Nach der Trennung zieht Frau Müller mit Julia nach Köln.

Gewöhnlicher Aufenthalt

Wie aus diesem Beispiel ersichtlich wird, haben die Eheleute nicht mehr innerhalb des gleichen Bezirks eines Amtsgerichts ihren gewöhnlichen Aufenthalt. Frau Müller hat ihren gewöhnlichen Aufenthalt nunmehr im Bezirk des Amtsgerichts Köln, Herr Müller hat seinen gewöhnlichen Aufenthalt im Bezirk des Amtsgericht Frankfurt. Damit sind die Voraussetzungen der ersten Stufe des § 606 ZPO nicht mehr erfüllt, deshalb sind die Voraussetzungen der nächsten Stufe zu prüfen. § 606 Abs. 1 Satz 2 ZPO lautet: Fehlt es bei Eintritt der Rechtshängigkeit an einem solchen Aufenthalt im Inland, so ist das Familiengericht ausschließlich zuständig, in dessen Bezirk einer der Ehegatten mit den gemeinsamen minderjährigen Kindern den gewöhnlichen Aufenthalt hat. Demnach ist für die Scheidung im obigen Beispiel nunmehr das Amtsgericht – Familiengericht – Köln zuständig. Übrigens gilt dies unabhängig davon, welcher der beiden Ehegatten den Scheidungsantrag beim Gericht einreicht hat.

Praxis-Beispiel

Keine Kinder – ein Ehegatte zieht weg

Die Eheleute Meyer haben vor der Trennung gemeinsam in München gelebt. Gemeinsame Kinder sind aus der Ehe nicht hervorgegangen. Nach der Trennung zieht Frau Meyer nach Hamburg. ◂

Ein gemeinsamer gewöhnlicher Aufenthalt im Bezirk eines Amtsgerichts fehlt bei den Eheleuten Meyer, gemeinsame Kinder sind ebenfalls nicht vorhanden, so dass die Voraussetzungen der ersten beiden Stufen des § 606 ZPO nicht gegeben sind. Hier greift der § 606 Abs. 2 Satz 1 ZPO ein. Dieser lautet: Ist eine Zuständigkeit nach Abs. 1 nicht gegeben, so ist das Familiengericht ausschließlich zuständig, in dessen Bezirk die Ehegatten ihren gemeinsamen gewöhnlichen Aufenthalt zuletzt gehabt haben, wenn einer der Ehegatten bei Eintritt der Rechtshängigkeit im Bezirk dieses Gerichts seinen gewöhnlichen Aufenthalt hat.

Da die Eheleute Meyer vor der Trennung gemeinsam in München gelebt haben und Herr Meyer dort weiter wohnhaft ist, ist in diesem Fall das Amtsgericht – Familiengericht – München für die Ehescheidung zuständig.

Praxis-Beispiel

Keine Kinder – beide Ehegatten ziehen weg

In Abwandlung des letzten Beispiels ist auch Herr Meyer von München weg und nach Berlin gezogen. Frau Meyer ist nach Hamburg gezogen. ◂

§ 606 Abs. 2 Satz 1 ZPO ist nicht mehr einschlägig, da keiner der Ehegatten mehr im Bezirk des Amtsgerichts wohnt, in dem die Eheleute zuletzt gemeinsam gewohnt haben. Dieser Fall ist geregelt in § 606 Abs. 2 Satz 2 ZPO:

Fehlt ein solcher Gerichtsstand, so ist das Familiengericht ausschließlich zuständig, in dessen Bezirk der gewöhnlichen Aufenthaltsort des Beklagten oder, falls ein solcher im Inland fehlt, der gewöhnlichen Aufenthaltsort des Klägers gelegen ist.

Beispielsfälle

Da beide Ehegatten im Inland wohnen geblieben sind, ist das Familiengericht ausschließlich örtlich zuständig, in dessen Bezirk der gewöhnliche Aufenthaltsort des Beklagten ist. Die örtliche Zuständigkeit bestimmt sich deshalb danach, wer von den beiden Ehegatten das Scheidungsverfahren einleitet. Wird das Verfahren von Frau Meyer eingeleitet, wäre das Amtsgericht – Familiengericht – Berlin als das für den gewöhnlichen Aufenthalt des Herrn Meyer, der dann der Beklagte wäre, zuständige Gericht für die Durchführung des Scheidungsverfahrens zuständig. Stellt allerdings Herr Meyer zuerst den Antrag auf Ehescheidung, wäre das Amtsgericht – Familiengericht – Hamburg für das Scheidungsverfahren zuständig, da die beklagte Frau Meyer dort ihren gewöhnlichen Aufenthalt hat.

Praxis-Beispiel

Ein Ehegatte zieht ins Ausland

Die Eheleute Schmitz haben vor ihrer Trennung gemeinsam in Düsseldorf gelebt. Nach der Trennung verzieht Frau Schmitz nach Südfrankreich, Herr Schmitz bleibt in Düsseldorf wohnen. ◂

Wenn Herr Schmitz nunmehr das Scheidungsverfahren einleiten möchte, kann er dies vor dem Amtsgericht – Familiengericht – Düsseldorf tun. Der Grund hierfür liegt in § 606 Abs. 2 Satz 2 ZPO, da die beklagte Frau Schmitz im Inland keinen gewöhnlichen Aufenthalt mehr hat. Dementsprechend kann am Ort des gewöhnlichen Aufenthalts des Klägers das Scheidungsverfahren geführt werden.

Was muss ich beim Getrenntleben beachten?

Was Getrenntleben bedeutet, hat der Gesetzgeber in § 1567 BGB selbst definiert: Die Ehegatten leben getrennt, wenn zwischen ihnen keine häusliche Gemeinschaft besteht und ein Ehegatte sie erkennbar nicht herstellen will, weil er die eheliche Lebensgemeinschaft ablehnt. Es müssen also zwei Aspekte zusammenkommen: zum einen die Trennung der häuslichen Gemeinschaft, zum anderen die Absicht mindestens eines Ehegatten, nicht mehr in ehelicher Lebensgemeinschaft leben zu wollen.

Wie funktioniert das Getrenntleben?

Auszug oder Getrenntleben

Die Trennung der häuslichen Gemeinschaft kann entweder durch den Auszug eines Ehegatten aus der Ehewohnung oder durch Getrenntleben innerhalb der Ehewohnung erfolgen. In jedem Fall müssen Sie und Ihre Frau in allen Lebensbereichen die Gemeinsamkeiten aufgeben. Wenn einer von Ihnen auszieht, ist diese Voraussetzung nicht schwierig zu erfüllen.
Soll das Getrenntleben allerdings innerhalb der Ehewohnung passieren, genügt es nicht, wenn Sie und Ihre Frau getrennt schlafen und essen. Vielmehr dürfen Sie beide keinerlei gegenseitige Verrichtungen mehr füreinander vornehmen. Dies bedeutet, dass keiner mehr für den anderen einkaufen, waschen, bügeln, putzen, kochen oder Ähnliches darf. Wenn Sie bisher für Ihre Ehefrau zum Beispiel immer Behördengänge erledigt haben, sollten Sie dies künftig unterlassen. Ganz ausnahmsweise dürfen Sie und Ihre Frau manche Dinge gemeinsam machen, wenn dies im Interesse gemeinsamer Kinder erforderlich ist und Sie sich auf sachliche Kontakte beschränken. So gilt es vom Gesetz her als unschädlich für die Trennung, wenn Sie und Ihre Frau sonntags gemeinsam mit den Kindern zu Mittag essen.
Die Trennung innerhalb der Ehewohnung muss auch räumlich erfolgen. So weit dies möglich ist, müssen einzelne Räume jeweils einem von Ihnen zur

alleinigen Nutzung zugewiesen werden. Bei nur einmal vorhandenen Räumen wie Bad oder Toilette müssen Sie die Benutzung zeitlich aufteilen. Um die Trennung auch nach außen deutlich zu machen, sollten Sie zudem das gegebenenfalls vorhandene gemeinsame Konto auflösen und ein eigenes Konto einrichten, über das nur Sie allein die Verfügungsgewalt haben.

Widerrufen Sie Ihren Dispositionskredit bei der Bank!

Hat die Bank Ihnen einen Dispositionskredit eingeräumt und ist dieser nicht völlig ausgereizt, reden Sie mit dem zuständigen Sachbearbeiter bei Ihrer Bank, dass dieser Dispositionskredit widerrufen wird. Leider passiert es immer wieder, dass Ehegatten nach der Trennung das Konto leer räumen. Damit dadurch nicht noch neue Schulden entstehen, ist es wichtig, dass zumindest die Möglichkeit, das Konto zu überziehen, beseitigt wird. ◂

Nicht jede Aufhebung der häuslichen Gemeinschaft stellt zugleich eine Trennung im Sinne des § 1567 BGB dar. Befindet sich der Ehemann beispielsweise zur Verbüßung einer Haftstrafe in einer Justizvollzugsanstalt, so lebt er nur dann von seiner Ehefrau getrennt, wenn diese ihm mitteilt, dass sie die Absicht hat, sich von ihm scheiden zu lassen. Gleiches gilt in solchen Fällen, wenn die Ehegatten aus beruflichen Gründen zwei verschiedene Wohnsitze haben.

Aufhebung der häuslichen Gemeinschaft

In der Phase des Getrenntlebens reicht es nicht aus, die häusliche Gemeinschaft aufzuheben. Mindestens einer der Ehegatten muss außerdem deutlich bekunden, dass er sich von dem anderen Ehegatten scheiden lassen will. Dieser Trennungswille muss nach außen erkennbar in Erscheinung treten, was insbesondere dann wichtig ist, wenn die Trennung zunächst aus anderen Gründen erfolgt ist. Es empfiehlt sich immer, insbesondere wenn die Trennung innerhalb der Ehewohnung erfolgen soll, Ihrer Frau schriftlich mitzuteilen, dass Sie ab sofort in der Absicht, sich von ihr scheiden lassen zu wollen, von ihr getrennt leben möchten. Am besten lassen Sie sich, wenn Sie Ihrer Frau einen solchen Brief schreiben, den Erhalt von ihr schriftlich bestätigen. So sind Sie auch bei einer Trennung innerhalb der Ehewohnung in der Lage, nachzuweisen, seit wann Sie getrennt voneinander leben. Auf der beiliegenden CD-ROM finden Sie je einen Musterbrief für eine Trennung ohne Auszug sowie eine Trennung mit Auszug.

Praxis-Beispiel

Kann die Trennungszeit unterbrochen werden?

Die Eheleute Müller leben seit mehreren Monaten in zwei verschiedenen Wohnungen getrennt voneinander. Bei der letzten gemeinsamen Aussprache haben sie sich geeinigt, noch einmal einen Versuch zu starten, ob ihre Ehe nicht vielleicht doch noch zu retten ist. Herr Müller zieht daraufhin zurück in die Ehewohnung. Seine eigene Wohnung behält er aber vorsorglich. Nachdem die Eheleute Müller drei Wochen wieder zusammengelebt haben, müssen sie feststellen, dass sie nicht mehr miteinander auskommen. ◂

Unterbrechung der Trennungsfrist

Das Beispiel wirft die Frage auf, ob ein Zusammenleben der Eheleute über kürzere Zeit den Lauf der Trennungsfrist unterbricht. Dies ist dann nicht der Fall, wenn dieses Zusammenleben für einen kürzeren Zeitraum der Versöhnung der Eheleute dienen sollte. Das Zusammenleben sollte aber nicht allzu lange ausgedehnt werden. Von den Gerichten ist entschieden, dass ein Zusammenleben über drei oder gar vier Monate hinaus nicht mehr als kurz angesehen wird. Sie können allerdings wohl noch einmal mit Ihrer Ehefrau in Urlaub fahren. Ein solcher Urlaub unterbricht nach Ansicht der Gerichte die Trennungszeit nicht.

Versöhnung

Hat dagegen eine Versöhnung stattgefunden, haben Sie und Ihre Frau also nach einer bereits erfolgten Trennung wieder in häuslicher Gemeinschaft gelebt, und trennen Sie sich nun erneut, so beginnt die Frist von neuem zu laufen. Wichtig ist in diesem Zusammenhang, dass derjenige, der sich der Scheidung nun widersetzen will, die Beweislast dafür trägt, dass zwischenzeitlich tatsächlich eine Aussöhnung stattgefunden hatte.

Kann mich meine Frau zum Auszug zwingen?

Während der Zeit des Getrenntlebens wird diese Frage gemäß § 1361 b Abs. 1 BGB so beantwortet: Leben die Ehegatten getrennt oder will einer von ihnen getrennt leben, so kann ein Ehegatte verlangen, dass ihm der andere die Ehewohnung oder einen Teil zur alleinigen Nutzung überlässt, soweit dies notwendig ist, um eine schwere Härte zu vermeiden. Steht einem Ehegatten allein oder gemeinsam mit einem Dritten das Eigentum, das Erbbaurecht oder der Nießbrauch an dem Grundstück zu, auf dem sich die Ehewohnung befindet, so ist dies besonders zu berücksichtigen. Entsprechendes gilt für das Wohnungseigentum, für das Dauerwohnrecht und für das dingliche Wohnrecht.

Gefahr für Leib und Leben

Der Paragraph legt also fest, dass während der Zeit des Getrenntlebens die Ehewohnung nur aufgeteilt oder einem Ehegatten zugewiesen werden kann, wenn dies notwendig ist, um eine schwere Härte zu vermeiden. Der Gesetzgeber hat die Schwelle hierfür bewusst sehr hoch gesetzt. Damit wird deutlich, dass bloße Unannehmlichkeiten, die bei jeder Scheidung und Trennung zwischen den Ehegatten auftreten, nicht ausreichen, um während der Zeit des Getrenntlebens die Ehewohnung einem der Ehegatten zuzuweisen. Die leider immer wieder auftretenden gegenseitigen Sticheleien und Beleidigungen sich trennender Paare begründen unter keinen Umständen eine schwere Härte. Andererseits bedarf es jedoch auch nicht der unmittelbaren Gefahr für Leib und Leben eines der Ehegatten, damit diesem die Ehewohnung zugewiesen werden kann.

Straftaten

Eine schwere Härte im Sinne des § 1361 b Abs. 1 BGB ist nach der bisher veröffentlichten Rechtsprechung auf jeden Fall dann gegeben, wenn sich einer der Ehegatten Straftaten gegen ein Familienmitglied zu Schulden kommen lässt, also beispielsweise wenn der Ehemann seine Ehefrau oder die Kinder körperlich misshandelt oder seine Ehefrau und die Kinder mit solchen Straftaten regelmäßig bedroht. Lässt einer der Ehegatten die Ehewohnung verkommen, indem er nicht mehr aufräumt oder sie gar absichtlich verschmutzt, oder randaliert einer der Eheleute ständig zu Zeiten, wenn die anderen Familienmitglieder schlafen wollen, kann die Ehewohnung dem anderen Ehegatten zugewiesen werden. Gleiches gilt, wenn einer der Ehegatten seine Zechkumpane regelmäßig einlädt oder gar seinen neuen Lebensgefährten mit in die Ehewohnung aufnimmt. Darüber hinaus kann auch der Umstand, dass ein Ehegatte sich ständig über die verbindliche Wohnungsaufteilung hinwegsetzt und dadurch verhindert, dass die Eheleute getrennt voneinander leben können, Anlass geben, dem anderen Ehegatten die Ehewohnung allein zuzuweisen.

Wer darf was beim Auszug mitnehmen?

Wenn Sie oder Ihre Ehefrau beabsichtigen, aus der Ehewohnung auszuziehen, sollten Sie sich vorab über die Aufteilung des Hausrats einigen. Dies erspart Ihnen und Ihrer Frau unnötige und vor allem teure Streitigkeiten. Rechtlich ist die Ausgangslage so, dass Sie gemeinsam mit Ihrer Frau an dem gesamten in der Wohnung befindlichen Hausrat Mitbesitz haben.

Heimlicher Auszug

Wenn nun Ihre Ehefrau bei einem heimlichen Auszug Gegenstände des gemeinsamen Hausrats ohne Ihr Einverständnis aus der Wohnung entfernt, haben Sie nach dem Gesetz einen Anspruch darauf, dass diese Gegenstände wieder in die Ehewohnung zurückgebracht werden. Allerdings – und damit wären wir beim Unterschied zwischen Theorie und Praxis – lässt sich dieser so genannte Rückschaffungsanspruch nur in den seltensten Fällen gerichtlich durchsetzen, weil ihm der Anspruch auf Aufteilung des Hausrats für die Zeit des Getrenntlebens entgegensteht.

Rückschaffung des Hausrats

Wenn Sie also die Rückschaffung des Hausrats beantragen, kann Ihre Ehefrau wiederum einen Antrag auf Aufteilung des Hausrats stellen. Liegen dem Gericht dann beide Anträge vor, dann wird es versuchen, eine einvernehmliche Regelung zwischen den beiden Parteien herbeizuführen. Deshalb ist dieser gesetzlich vorgesehene Rückschaffungsanspruch in der Praxis eher ein zahnloser Tiger. Zudem liest man in Scheidungsratgebern für Frauen immer den Rat: Nehmen Sie vom Hausrat das mit, was Sie für sich und die Kinder benötigen.

Checkliste

Habe ich mir vor der Trennung alle wichtigen Unterlagen gesichert beziehungsweise besorgt?	**Ja**	**Nein**
Geburtsurkunde		
Personalausweis/Reisepass		
Zeugnisse		
Arbeitsvertrag		
Gehaltsbescheinigungen		
Kranken- und Sozialversicherungsausweise		
Lohnsteuerkarte		
Heiratsurkunde		
Sparbücher		
Kontoauszüge		
Rentenunterlagen		

Worksheet auf CD-ROM

Wenn die Kinder nach der Trennung bei Ihnen leben sollen, nehmen Sie auch deren Unterlagen mit.

Haben Sie diese Dokumente für Ihre Kinder zusammen?	Ja	Nein
Geburtsurkunden		
Kinderausweise		
Impfausweise		
Schulzeugnisse und Sparbücher		

Wenn Sie für sich oder die Kinder Unterhalt verlangen oder eventuell einen Zugewinnausgleich geltend machen wollen, brauchen Sie die Unterlagen über das Einkommen und Vermögen Ihres Ehegatten.

Haben Sie die folgenden Unterlagen kopiert?	Ja	Nein
Gehaltsbescheinigungen		
Einkommensteuerbescheide		
Kontoauszüge		
Unterlagen über vermögenswirksame Leistungen		
Bausparverträge		
Lebensversicherungen		
Aktiendepots		

Informieren Sie sich über bestehende Schulden und Verbindlichkeiten. Kopieren Sie die entsprechenden Unterlagen. Hier sind insbesondere die Folgenden zu berücksichtigen:

- Darlehensverträge
- Kontoauszüge des Girokontos u.Ä.

Gemeinsames Vermögen

Informieren Sie sich über vorhandenes gemeinsames Vermögen. Kopieren Sie auch alle damit zusammenhängenden Unterlagen. Dazu zählen:

- Grundbuchauszüge
- Grundsteuerbescheide
- Hypotheken- und/oder Grundschuldunterlagen

Informieren Sie sich außerdem über die aus dem Vermögen resultierenden Belastungen, die Sie monatlich oder quartalsweise zu tragen haben.

Zins- und Tilgungsleistungen

- Zins- und Tilgungsleistungen
- Wohngeld
- Grundsteuer
- Nebenkosten wie Müllabfuhr, Wasser etc.

Sie sollten auch wissen, was bei folgenden Posten an monatlicher Belastung auf Sie zukommt (Unterlagen kopieren!):

- Miete
- Strom-, Wasser- und Heizungskosten
- Prämien für Lebensversicherungen
- Haftpflicht- und Hausratversicherung

Zudem ist es wichtig zu wissen, ob Sie gemeinsam mit Ihrem Ehepartner Mieter der Ehewohnung sind.
Wenn Sie wissen oder befürchten, dass es mit Ihrem Ehegatten nicht zu einer Einigung bezüglich der Aufteilung des Hausrats kommen könnte, dokumentieren Sie – gegebenenfalls fotografisch – sämtlichen Hausrat.

To Do

Fotografieren Sie Ihren gesamten Hausrat!

Wenn Sie das Gefühl haben, dass Ihre Ehefrau einen heimlichen Auszug plant, sollten Sie unbedingt den in der Ehewohnung vorhandenen Hausrat dokumentieren. Am besten halten Sie den gesamten Hausrat – also auch sämtliches Geschirr, Besteck und was sich sonst noch in Schubladen und Schränken befindet – auf Fotos fest. Diese Fotodokumentation wird für Sie und Ihren Anwalt eine wichtige Grundlage in dem Hausratsaufteilungsverfahren sein. ◂

Persönliche Gegenstände

Selbstverständlich dürfen Sie Persönliches wie Kleidung, Dokumente, Geschenke und Gegenstände, die mit Ihrem Beruf und Ihren Hobbys zusammenhängen, mitnehmen, wenn Sie aus der Ehewohnung ausziehen. Konnten Sie sich mit Ihrer Ehefrau nicht darüber einigen, wie die weiteren Dinge aufgeteilt werden sollen, ist es allerdings tatsächlich empfehlenswert, dass Sie die Gegenstände des gemeinsamen Hausrats, die Sie unbedingt benötigen und die für den Haushalt Ihrer Ehefrau nicht zwingend erforderlich sind, bei Ihrem Auszug mitnehmen. Andernfalls laufen Sie Gefahr, dass Sie in einem langwierigen Rechtsstreit die Herausgabe einzelner Gegenstände erstreiten müssen.

Waschmaschine, Wäschetrockner oder Spülmaschine

Überlegen Sie bei jedem Gegenstand, den Sie mitnehmen möchten, ob Sie oder Ihre Frau ihn dringender benötigen. Bleibt zum Beispiel Ihre Ehefrau mit den Kindern in der Ehewohnung zurück, wird es Ihnen schwer fallen, ein Gericht davon zu überzeugen, dass Sie, der zukünftig allein lebt, Waschmaschine, Wäschetrockner oder Spülmaschine dringender als Ihre Ehefrau benötigen. In derartigen Fällen kommt es auch nicht darauf an, ob die Waschmaschine vielleicht tatsächlich in Ihrem Eigentum steht. Sind allerdings von einzelnen Hausratsgegenständen mehrere vorhandenen, etwa zwei Fernseher, ist es Ihnen natürlich unbenommen, einen dieser Fernseher beim Auszug mitzunehmen.

Was gehört zum Hausrat?

Zum Hausrat gehören:

Dekorationsgegenstände

- Möbel (Stühle, Tische, Schränke, Regale, Sessel, Sofa, Betten)
- Dekorationsgegenstände (Teppiche, Bilder, Lampen)
- Geschirr, Besteck, Kochgeschirr
- Elektrogeräte (Spülmaschine, Waschmaschine, Wäschetrockner, Kühlschrank, Mikrowellenherd, Bügeleisen)
- Video- und Phonogeräte (Stereoanlage, Fernseher, Videorekorder)
- Bücher, Langspielplatten, CDs
- Bett- und Tischwäsche, Bade- und Küchenhandtücher
- Gegebenenfalls der Pkw, wenn er ausschließlich für familiäre Zwecke genutzt wurde

Nicht zum Hausrat gehören:

- Persönliche Gegenstände wie Kleider, Schmuck, Familienandenken
- Für den Beruf benötigte Gegenstände wie Werkzeuge, Fachbücher, gegebenenfalls ein beruflich genutzter Computer
- Dekorationsgegenstände, die der Geldanlage gedient haben wie beispielsweise Antiquitäten oder wertvolle Bilder
- Gegenstände, die von einem der Ehegatten zur Ausübung seines Hobbys benötigt werden

Übersicht auf CD-ROM

Halten Sie die Aufteilung des Hausrats schriftlich fest!

Wenn Sie und Ihre Frau sich über die Aufteilung des Hausrats geeinigt haben, halten Sie dies schriftlich fest. Sind Sie sich darüber einig, dass die von Ihnen vorgenommene Aufteilung endgültig sein soll, achten Sie darauf, dass dies auch in der Vereinbarung zum Ausdruck kommt. In einem solchen Fall wäre es günstig, wenn sich die verteilten Gegenstände in ihrem Wert ungefähr entsprechen würden, damit keine Ausgleichszahlungen erfolgen müssen.

Mustervereinbarung Hausratsaufteilung

Wir haben uns am 1.10.2001 voneinander getrennt in der Absicht, uns scheiden zu lassen. Wir sind uns darüber einig, dass die Ehefrau mit den Kindern in der bisherigen Ehewohnung verbleiben soll. Der Ehemann zieht in eine eigene Wohnung. Den vorhandenen Hausrat haben wir wie folgt aufgeteilt: (Zuordnung der Gegenstände zu den Ehegatten einfügen)

Alternative 1

Die nunmehr vorgenommene Aufteilung soll endgültig sein, kein Ehegatte hat an den anderen Ausgleichsansprüche aus der Hausratsaufteilung. Die dem jeweiligen Ehegatten zugeordneten Gegenstände sollen in dessen Alleineigentum übergehen.

Alternative 2

Die nunmehr vorgenommene Aufteilung soll für die Zeit der Trennung erfolgen, beide Ehegatten behalten sich vor, für den Fall der Ehescheidung eine andere Regelung zu verlangen.

Alternative 3

Die nunmehr vorgenommene Aufteilung soll endgültig sein, aus der Aufteilung steht dem Ehemann ein Ausgleichsanspruch in Höhe von xx Euro zu, den er gegen den von ihm zu zahlenden Zugewinnausgleichsbetrag in Höhe von yy Euro aufrechnen kann. Die dem jeweiligen Ehegatten zugeordneten Gegenstände sollen in dessen Alleineigentum übergehen.

Ort, Datum Unterschrift Ehefrau Unterschrift Ehemann

Darf meine Frau beim Auszug die Kinder mitnehmen?

Aufenthaltsort der Kinder

So lange Sie gemeinsam mit Ihrer Ehefrau das Sorgerecht für die minderjährigen Kinder haben, können Sie auch nur gemeinsam über den gewöhnlichen Aufenthaltsort der Kinder entscheiden. So lautet jedenfalls die gesetzliche Regelung. Die Praxis sieht leider oft anders aus. Auch bei einem heimlichen Auszug nehmen die Frauen meistens die minderjährigen Kinder mit, ohne dass dies mit dem Vater besprochen, geschweige denn dessen Einverständnis eingeholt worden wäre. Wenn sich der Vater anschließend gerichtlich gegen dieses Vorgehen der Mutter wehrt, muss er allerdings häufig die leidvolle Erfahrung machen, dass dieses Verhalten für die Mutter letztlich ohne Konsequenzen bleibt, da das Gericht in Anbetracht des Kindeswohls entscheidet, dass die Kinder bei der Mutter am besten aufgehoben sind.

„Entführung" der Kinder

Aus diesem Grund kann man Vätern nicht unbedingt anraten, gegen derartige Verhaltensweisen gerichtlich vorzugehen, da sie andernfalls unter Umständen auch noch erleben müssen, dass das Gericht bestätigt, dass die „Entführung" der Kinder doch nur zu deren Wohl geschehen sei. Nur in ganz besonderen Ausnahmefällen ist es daher für Väter ratsam, gegen die Wegnahme der Kinder anzugehen. Voraussetzung dafür muss aber in jedem Fall sein, dass der Vater mindestens genauso gut wie die Mutter die Betreuung der Kinder sicherstellen kann. Da auch heute noch überwiegend die Männer berufstätig sind, während die Frauen die Kinder erziehen, ist diese Voraussetzung meistens schon nicht gegeben.

Darf der Liebhaber meiner Frau in unsere Wohnung ziehen?

Zuweisung der Ehewohnung

Wie bereits erwähnt, kann der Aufenthalt des neuen Lebensgefährten beziehungsweise der neuen Lebensgefährtin in der Ehewohnung für den anderen Ehegatten ein Grund sein, die Zuweisung der Ehewohnung zu beantragen. Konsequenterweise müssen Sie deshalb auch nicht dulden, dass Ihre Ehefrau ihren Liebhaber in der Ehewohnung empfängt, solange Sie dort noch berechtigterweise wohnen. Ihnen steht die Möglichkeit offen, dem Lebensgefährten Ihrer Ehefrau gerichtlich ein Hausverbot erteilen zu lassen.

Anders sieht die Sache nach der herrschenden Rechtsprechung aus, wenn Sie bereits aus der Ehewohnung ausgezogen sind oder Ihre Ehefrau in eine andere Wohnung gezogen ist. In beiden Fällen ist es unmöglich, der Ehefrau zu verbieten, innerhalb der Wohnung mit ihrem neuen Lebensgefährten umzugehen, auch wenn dies Ihre Kinder miterleben müssen. Gleiches gilt selbstverständlich umgekehrt auch für Sie.

Stellen Sie vorsorglich den Antrag auf Zuweisung der Ehewohnung

Bleiben Sie mit den gemeinsamen Kindern in der Ehewohnung zurück, sollten Sie vorsorglich einen Antrag auf Zuweisung der Ehewohnung stellen. Wenn ein solcher Antrag beim Familiengericht anhängig ist, wird ein anderes Gericht nicht ohne weiteres ein Hausverbot gegen Ihre neue Lebensgefährtin verhängen. ◂

Welche steuerlichen Konsequenzen hat die Trennung?

Getrennte Veranlagung

Die Trennung muss keine unmittelbaren steuerlichen Auswirkungen haben. Steuerrechtlich ist es Ihnen möglich, auch im Jahr der Trennung mit Ihrem Ehegatten zusammenveranlagt zu werden. Die getrennte Veranlagung oder Einzelveranlagung, die zu einer höheren Belastung der Ehegatten mit Einkommensteuer führt, ist steuerrechtlich zwingend erst ab dem 1. Januar des auf die Trennung folgenden Kalenderjahres erforderlich. Wenn Sie Angestellter oder Beamter sind, müssen Sie spätestens ab diesem Zeitpunkt in die Lohnsteuerklasse I wechseln.

Zögern Sie den Wechsel der Steuerklasse nicht hinaus

Vielleicht schlägt Ihnen Ihre Ehefrau vor, über den oben genannten Zeitpunkt hinaus in der Steuerklasse III zu verbleiben, damit Sie aus dem dann höheren Einkommen mehr Unterhalt bezahlen können. So reizvoll dieser Vorschlag auch sein mag, lassen Sie sich nicht darauf ein. Ansonsten können Sie nämlich nachträglich vom Finanzamt entsprechend der tatsächlich richtigen Steuerklasse I veranlagt werden. Wie Ihnen sicher bekannt ist, fackelt das Finanzamt nicht lange, wenn es um die Beitreibung von Steuerrückständen geht. ◂

Gemeinsame Einkommensteuererklärung

Können Sie sich mit Ihrer Ehefrau im Jahr der Trennung nicht auf eine Zusammenveranlagung einigen, haben Sie schon deshalb ein Problem, weil eine gemeinsame Einkommensteuererklärung von beiden Ehegatten unterschrieben sein muss. Verweigert Ihnen Ihre Frau diese Unterschrift, bleiben Ihnen neben der getrennten Veranlagung noch zwei Möglichkeiten.

Steuerrechtlich können Sie bei dem für Sie zuständigen Finanzamt beantragen, dass Sie auch ohne Unterschrift des anderen Ehegatten zusammenveranlagt werden. Wenn das Finanzamt die Unterschriftsverweigerung Ihrer Ehefrau als missbräuchlich ansieht, wird es Ihrem Antrag stattgegeben. Missbräuchlich ist die Verweigerung der Unterschrift vor allem dann, wenn Ihre Ehefrau keine oder so geringe Einkünfte erzielt hat, dass eine Einkommensteuer hierauf nicht festgesetzt würde. Einen entsprechenden Musterbrief finden Sie im Anschluss.

Außerdem haben Sie die Möglichkeit, Ihre Frau zivilrechtlich zur Zustimmung der Zusammenveranlagung zu verklagen. Diese Klage hat Aussicht auf Erfolg, wenn die Steuerbelastung von Ihnen und Ihrer Frau durch die Zusammenveranlagung geringer ist, als sie bei getrennter Veranlagung wäre. Liegt Ihnen ein solches zivilrechtliches Urteil vor, ist das Finanzamt daran gebunden und darf Ihren Antrag auf Zusammenveranlagung nicht ablehnen. Einen Musterbrief für den Antrag auf Zusammenveranlagung beim Finanzamt finden Sie auf der beiliegenden CD-ROM.

Musterbrief auf CD-ROM

Der Wechsel der Lohnsteuerklasse kann günstiger für Sie sein

Wenn Sie und Ihre Frau zum Zeitpunkt der Trennung berufstätig sind und die Lohnsteuerklassen III und V haben, sollten Sie beide in die Klassen IV/IV wechseln, wenn nicht einer von Ihnen mehr als 60 Prozent des gemeinsamen Einkommens verdient. Dies ist insgesamt betrachtet im Zusammenhang mit der Unterhaltsberechnung für beide letztlich der günstigere Weg.

Besondere Schwierigkeiten können auftreten, wenn bei der Trennung noch Steuerrückstände bestehen. Dies gilt vor allem für rückständige Einkommensteuern, wenn die Ehegatten zusammenveranlagt sind. § 44 Abgabenordnung (AO) bestimmt, dass zusammenveranlagte Ehegatten hinsichtlich der offenen Einkommensteuern Gesamtschuldner sind. Die Konsequenz hieraus ist, dass beide Ehegatten dem Finanzamt gegenüber für die gesamte Steuerschuld haften. Hier kann jeder der Ehegatten gemäß §§ 268 ff. AO eine Aufteilung der Gesamtschuld beantragen. (Einen Musterbrief dazu finden Sie auf der beiliegenden CD-ROM.) Dies führt dazu, dass für die Ehegatten im Nachhinein eine getrennte Veranlagung durchgeführt wird und anschließend jeder Ehegatte nur noch für die bei ihm tatsächlich angefallenen Einkommensteuern gegenüber dem Finanzamt haftet.

Was tue ich bei Steuerrückständen?

Informieren Sie sich über die Möglichkeit, die Gesamtschuld aufzuteilen, vor allem immer dann, wenn Sie oder Ihre Ehefrau selbstständig sind. Wenden Sie sich in diesen Fällen entweder an Ihren Steuerberater oder das für Sie zuständige Finanzamt.

Steuerrechtliche Konsequenzen

Die Trennung kann weitere steuerrechtliche Konsequenzen haben, die in diesem Buch jedoch nicht im Einzelnen dargestellt werden können. Insbesondere wenn Sie nicht nur Einnahmen aus einem Angestellten- oder Beamtenverhältnis erzielen, sondern beispielsweise auch Einkünfte aus Vermietung und Verpachtung oder aus Kapitalvermögen haben, sollten Sie sich rechtzeitig an Ihren Steuerberater wenden und mit ihm die steuerlichen Folgen der Trennung besprechen. Dies gilt auch für Besitzer eines selbst genutzten Eigenheimes, solange Sie diesbezüglich noch steuerliche oder staatliche Vergünstigungen beziehen.

Wie wird der Kindesunterhalt berechnet?

Natural- und Barunterhalt

Solange Sie mit Ihrer Ehefrau und den gemeinsamen Kindern zusammenleben, wird der Unterhalt für die Kinder durch deren Versorgung sowie Betreuung gewährt. Ab dem Zeitpunkt, zu dem Sie und Ihre Frau sich voneinander trennen, in der Absicht, sich scheiden zu lassen, spaltet sich dieser Unterhalt auf. Ab sofort wird in diesem Fall unterschieden zwischen dem so genannten Naturalunterhalt, der von dem Elternteil erbracht wird, bei dem das Kind lebt, und dem Barunterhalt, den der andere Elternteil durch eine Geldzahlung leistet, die monatlich im Voraus zu leisten ist.

Sind unsere Kinder unterhaltsberechtigt?

Erweiterte Unterhaltspflicht

Die Unterhaltspflicht besteht grundsätzlich sowohl gegenüber minderjährigen unverheirateten Kindern als auch gegenüber volljährigen unverheirateten Kindern, die sich in einer Berufsausbildung befinden. Bei den volljährigen Kindern unterscheidet der Gesetzgeber darüber hinaus zwischen den unverheirateten volljährigen Kindern, die sich in der allgemeinen Schulausbildung befinden, und denen, die eine sonstige Ausbildung absolvieren. Ersteren gegenüber ist der Unterhaltsschuldner – im Zweifel also Sie – genauso wie gegenüber minderjährigen unverheirateten Kindern erweitert unterhaltspflichtig. Diese erweiterte Unterhaltspflicht kommt insbesondere in zwei Punkten zum Ausdruck:

Selbstbehalte

1. Die Düsseldorfer Tabelle – dazu gleich mehr –, nach welcher der Kindesunterhalt ermittelt wird, weist so genannte Selbstbehalte aus. Dabei handelt es sich um Beträge, die Ihnen monatlich mindestens verbleiben müssen, wenn Sie unterhaltspflichtig sind. Gegenüber minderjährigen unverheirateten und unverheirateten volljährigen Kindern, die sich in der allgemeinen Schulausbildung befinden (so genannte privilegierte Kinder), beläuft sich dieser Selbstbehalt, wenn Sie ein Erwerbseinkom-

men erzielen, auf 840 Euro. Gegenüber volljährigen Kindern, die sich nicht in der allgemeinen Schulausbildung befinden, also beispielsweise gegenüber studierenden Kindern, beträgt der Selbstbehalt 1.000 Euro.

2. Ferner besteht gegenüber den privilegierten Kindern eine besondere Verpflichtung zur Ausnutzung der persönlichen Arbeitskraft. Einfach ausgedrückt: Die Gerichte gehen davon aus, dass jeder Unterhaltsschuldner bei gehöriger Ausnutzung seiner Arbeitskraft in der Lage ist, wenigstens den Mindestbedarf der Kinder, der sich wiederum aus der Düsseldorfer Tabelle ergibt, sicherzustellen. Erzielen Sie tatsächlich ein geringeres Einkommen, sind Sie eventuell gezwungen, Aushilfstätigkeiten anzunehmen, um den Mindestbedarf für die Kinder zu decken.

Mindestbedarf der Kinder

Näheres zur Unterhaltspflicht gegenüber volljährigen Kindern finden Sie auf Seite 52 f.

Was zählt zum Einkommen?

Alle Einkünfte

Bei der Ermittlung des Einkommens des Unterhaltsverpflichteten sind alle Einkünfte heranzuziehen, gleich welcher Art diese sind und aus welchem Anlass sie im Einzelnen gezahlt wurden. Neben dem Arbeitseinkommen des Angestellten oder Beamten beziehungsweise dem Gewinn, oder den Entnahmen des Selbstständigen zählen zum Einkommen auch Erträge aus Kapitalvermögen, der Nutzungswert eines selbst genutzten Eigenheimes, die Ersparnisse, die sich aus dem Zusammenleben mit einem neuen Partner in nichtehelicher Lebensgemeinschaft ergeben können oder Einkünfte aus Vermietung und Verpachtung.

Sonderzuwendungen

Bei einem Angestellten oder Beamten zählen zu den Einkünften nicht nur die monatlichen Zahlungen, sondern auch weitere Einkünfte wie Weihnachtsgeld, Tantiemen, Urlaubsgeld, Schichtzulagen, Überstundenzulagen, Gewinnbeteiligungen und andere Sonderzuwendungen. Solche Zahlungen werden auf das gesamte Jahr umgelegt. Dem Einkommen hinzugerechnet wird ebenfalls der geldwerte Vorteil eines Firmenwagens. Dieser Betrag kann gemäß § 287 ZPO durch den Richter geschätzt werden. In der Regel wird heutzutage aber derjenige Betrag angesetzt, der vom Nutzungsberechtigten zu versteuern ist.

„Berufsbedingte Aufwendungen"

Das ermittelte Nettoeinkommen von Angestellten und Beamten ist um „berufsbedingte Aufwendungen“ zu bereinigen. Die meisten Gerichte erkennen eine Pauschale von fünf Prozent, mindestens 50 Euro, höchstens 150 Euro, an. Manche Gerichte, gerade in den neuen Bundesländern, lassen den Abzug berufsbedingter Aufwendungen nur bei entsprechendem Nachweis zu.

Experten-Tipp

Rechnen Sie berufsbedingte Aufwendungen optimal ab

Bei beruflichen Aufwendungen, die über den Höchstbetrag der Pauschale hinausgehen, können Sie einen Abzug der höheren berufsbedingten Aufwendungen erreichen, indem Sie diese im Einzelnen nachweisen. Beispielsweise erkennt die Rechtsprechung im Regelfall Fahrtkosten in Höhe von mindestens 0,20 Euro pro gefahrenem Kilometer an.

Schon bei einer Entfernung von 22 Kilometern zu Ihrem Arbeitsplatz ergeben sich bei etwa 220 Arbeitstagen dadurch monatliche Fahrtkosten in Höhe von 161 Euro (220 Tage x 22 Kilometer x 2 x 0,20 Euro / 12 = 161,33 Euro). Sie sehen also, dass es sich lohnen kann, berufsbedingte Aufwendungen nicht pauschal abzurechnen. Dies gilt umso mehr, weil beispielsweise die Leitlinien des OLG Hamm bei Entfernungen von bis zu 30 Kilometern zwischen Wohnort und Arbeitsstätte auch 0,24 Euro pro Kilometer als abziehbar vorsehen. Darüber hinausgehende Kilometer können dann noch mit 0,09 Euro einkommensmindernd berücksichtigt werden.

Beschluss auf CD-ROM

Für die Berechnung des Unterhalts ist von dem Einkommen auszugehen, das nach Abzug der tatsächlich gezahlten Steuern und Abgaben übrig bleibt. Dies gilt nach einem Beschluss des Bundesverfassungsgerichts allerdings dann nicht, wenn der Unterhaltspflichtige wieder verheiratet ist. Der daraus gegebenenfalls resultierende Steuervorteil, der sich durch die Wahl der Steuerklasse III ergibt, soll bei der neuen Familie verbleiben. In diesen Fällen ist für die Berechnung des Unterhalts des geschiedenen Ehegatten das Bruttoeinkommen fiktiv nach Steuerklasse I zu versteuern und dann der Unterhalt zu berechnen.

Besonders schwierig gestaltet sich die Ermittlung des unterhaltsrelevanten Einkommens bei Selbstständigen. Bei ihnen wird im Allgemeinen der zu versteuernde Gewinn, das heißt der Durchschnittswert der vergangenen drei Jahre, als Einkommen angesehen. Von diesem Gewinn werden die Steuern sowie die Beiträge zur Krankenversicherung und Altersvorsorge, sofern sie sich im angemessenen Rahmen bewegen, abgezogen. Normalerweise wird ein Betrag von maximal 20 Prozent des Gewinns für die Krankenversicherung und Altersvorsorge als angemessen betrachtet.

Einkommensminderung

Allerdings stehen Selbstständigen mehr Möglichkeiten offen, ihr Einkommen zu vermindern. Die Steuerbilanz und die so genannte Unterhaltsbilanz können sich daher erheblich voneinander unterscheiden. Dies hängt damit zusammen, dass Selbstständige ihr zu versteuerndes Einkommens unter anderem dadurch senken, dass sie Investitionen in den Betrieb, Abschreibungen auf vorhandenes Betriebsvermögen, auf eine Eigentumswohnung oder ein Haus vornehmen. Teilweise werden auch private Ausgaben als geschäftlich deklariert und so steuerlich als einkommensmindernd geltend gemacht. Tatsächlich ist das unterhaltsrechtlich relevante Einkommen eines Selbstständigen oftmals höher als das zu versteuernde.

To Do

Welche Unterlagen brauche ich für den ersten Anwaltstermin?

Wenn Sie selbstständig sind, sollten Sie so früh wie möglich einen Anwalt aufsuchen. Legen Sie diesem dann nicht nur Ihre Bilanz oder Ihre Einnahme-Überschuss-Rechnung vor, sondern bringen Sie auch zum ersten Beratungsgespräch schon Ihre Gewinn- und Verlustrechnung, sowie Abschreibungsunterlagen und Auszüge aus den Sachkonten mit. Nur dann wird der Anwalt Ihnen sagen können, was Sie künftig an Unterhaltszahlungen leisten müssen. ◂

Auskunftsansprüche

Damit der Unterhaltsberechtigte überhaupt in Erfahrung bringen kann, welches Einkommen der Unterhaltspflichtige erzielt, hat der Gesetzgeber sowohl im Hinblick auf Kindesunterhalt als auch auf Trennungsunterhalt und nachehelichen Unterhalt Auskunftsansprüche für den Unterhaltsberechtigten festgelegt.

Wenn Sie als Unterhaltspflichtiger Angestellter oder Beamter sind und keine sonstigen Einkünfte erzielen, richtet sich der Auskunftsanspruch auf die vergangenen zwölf Monate. Außerdem sind Sie verpflichtet, Ihre Auskunft anhand von Belegen nachzuweisen. Hierbei handelt es sich um die Gehaltsnachweise für die vergangenen zwölf Monate sowie den Steuerbescheid, der in diesem Zeitraum ergangen ist.

Sind Sie als Unterhaltspflichtiger selbstständig, müssen Sie über die vergangenen drei Kalenderjahre Auskunft erteilen. Der Anspruch auf Belege ist überdies naturgemäß wesentlich umfassender.

Pflicht zur Bilanzierung

Unterliegen Sie der Pflicht zur Bilanzierung, müssen Sie für die vergangenen drei Jahre jeweils die Bilanz, die Gewinn- und Verlustrechnung, die Steuererklärung, die dazugehörigen Steuerbescheide sowie gegebenenfalls weitere Unterlagen vorlegen, aus denen sich erkennen lässt, welche steuerrechtlich relevanten Abzüge für die Unterhaltsberechnung keine Rolle spielen. Der Beleganspruch kann daher zusätzlich Abschreibungslisten oder Auszüge aus den Sachkonten umfassen. Wenn Sie nicht zur Bilanzierung verpflichtet sind, also zum Beispiel zu den Rechtsanwälten, Ärzten oder anderen Freiberuflern gehören, müssen Sie die Einnahme-Überschuss-Rechnungen für die letzten drei Kalenderjahre vorlegen. Auch in solchen Fällen können weitere Unterlagen verlangt werden.

Eidesstattliche Versicherung

Haben Sie die Auskunft erteilt, wird der Unterhaltsberechtigte unter Umständen die Abgabe der eidesstattlichen Versicherung verlangen, wenn er nachweisen kann, dass Sie bei Ihrer Auskunft und den Unterlagen nicht sorgfältig genug waren. Liegt die letzte Auskunft weniger als zwei Jahre zurück, kann der Unterhaltsberechtigte eine erneute Auskunft nur verlangen, wenn er glaubhaft macht, dass Sie zwischenzeitlich ein wesentlich höheres Einkommen erzielen. Im Umkehrschluss bedeutet dies natürlich, dass Sie vor Ablauf von zwei Jahren nicht verpflichtet sind, Auskunft zu erteilen, wenn sich an Ihrem Einkommen nichts Wesentliches geändert hat.

Experten-Tipp

Zur Auskunftspflicht bei Trennungs- und nachehelichem Unterhalt

Da der Bundesgerichtshof immer noch zwischen Trennungsunterhalt und nachehelichem Unterhalt unterscheidet, bestehen für beide Unterhaltsarten selbstständige Auskunftsansprüche. Deshalb kann es also passieren, dass Sie einmal wegen des Trennungsunterhalts Auskunft erteilen müssen und dann vor Ablauf der zwei Jahre erneut wegen des nachehelichen Unterhalts zur Auskunft verpflichtet werden.

Rechtsgültiger Verzicht

Ausnahmsweise kann ein Auskunftsanspruch zurückgewiesen werden, wenn ein Unterhaltsanspruch unter keinem tatsächlichen oder rechtlichen Gesichtspunkt in Betracht kommt. Dies wird insbesondere dann der Fall sein, wenn auf Unterhaltsansprüche rechtsgültig verzichtet worden ist. Allein die Behauptung des Unterhaltsverpflichteten, der Unterhaltsanspruch könnte verwirkt sein, führt jedoch nicht dazu, dass der Auskunftsanspruch erlischt.

Wovon hängt die Höhe der Unterhaltszahlung ab?

Drei Faktoren

Die Höhe des für die Kinder zu zahlenden Unterhalts ist von drei Faktoren abhängig, nämlich von dem Bedarf der Kinder, der Bedürftigkeit und Ihrer Leistungsfähigkeit. Der Bedarf von minderjährigen Kindern bemisst sich nach dem Einkommen des Barunterhaltspflichtigen. Verändert sich dieses Einkommen, verändert sich auch der Bedarf des Kindes. Dies gilt ebenfalls bei Einkommenseinbußen, wenn sie nicht schuldhaft verursacht sind.

Für die Ermittlung des Unterhaltsbedarfs gibt es Tabellen, die von den jeweils zuständigen Oberlandesgerichten (OLG) ausgearbeitet wurden. Diese Unterhaltstabellen legen in Abhängigkeit vom Nettoeinkommen des Barunterhaltspflichtigen, vom Alter der Kinder und der Anzahl der Kinder bestimmte Richtsätze fest.

Düsseldorfer Tabelle

Die bekannteste Tabelle, an der sich die meisten Oberlandesgerichte orientieren, ist die Düsseldorfer Tabelle, die von den Familiensenaten des Oberlandesgerichts Düsseldorf herausgegeben wird. Nachstehend ist die derzeit gültige Tabelle (Stand: 1.7.2003) abgedruckt.

In der ersten Spalte sind die Einkommensgruppen aufgeführt, in den Spalten 2 bis 5 die Richtsätze für die jeweilige Altersstufe. Spalte 6 beinhaltet ein Vomhundertsatz, die letzte Spalte informiert über den Bedarfskontrollbetrag. Bei den so genannten Vomhundertsätzen handelt es sich um ein Vielfaches des Regelbetrags, der der ersten Einkommensgruppe der Düsseldorfer Tabelle entspricht.

Der Kindesunterhaltsbedarf sämtlicher höherer Einkommensgruppen errechnet sich als ein prozentual ausgedrücktes Vielfaches dieses Regelbetrags, also dem Vomhundertsatz. Die konkreten Beträge des jeweiligen Vomhundertsatzes entsprechen den Bedarfssätzen der Spalten 2 bis 5 der Düsseldorfer Tabelle der jeweiligen Einkommensstufe.

Regelbetragsverordnung

Die erste Zeile der Düsseldorfer Tabelle entspricht den Beträgen der Regelbetragsverordnung. Diese Verordnung wird alle zwei Jahre aktualisiert, und zwar immer zum 1.7. eines ungeraden Jahres, das nächste Mal steht also zum 1.7.2005 eine Aktualisierung an. Zur Düsseldorfer Tabelle gehören außerdem eine Vielzahl von Anmerkungen, die erklären, wie Sie mit der Tabelle umgehen müssen. Alle diesbezüglichen Erläuterungen mit detaillierten Anmerkungen sowie die Düsseldorfer Tabelle selbst finden Sie auf der beiliegenden CD-ROM.

CD-ROM

Düsseldorfer Tabelle

Gruppe	Nettoeinkommen des Barunterhaltspflichtigen in Euro (Anm. 3, 4)	Altersstufen in Jahren (§ 1612 a Abs. 3 BGB)				Vomhundertsatz	Bedarfskontrollbetrag in Euro (Anm. 6)
		0–5	6–11	12–17	Ab 18		
1	Bis 1.300	199	241	284	327	100	730/840
2	1.300–1.500	213	258	304	350	107	900
3	1.500–1.700	227	275	324	373	114	950
4	1.700–1.900	241	292	344	396	121	1.000
5	1.900–2.100	255	309	364	419	128	1.050
6	2.100–2.300	269	326	384	442	135	1.100
7	2.300–2.500	283	343	404	465	142	1.150
8	2.500–2.800	299	362	426	491	150	1.200
9	2.800–3.200	319	386	455	524	160	1.300
10	3.200–3.600	339	410	483	556	170	1.400
11	3.600–4.000	359	434	512	589	180	1.500
12	4.000–4.400	358	379	458	540	622	1.600
13	4.400–4.800	398	482	568	654	200	1.700
	Über 4.800	Nach den Umständen des Falles					

Bedürftigkeit des Kindes

Allerdings kann sich auch bei unterhaltsberechtigten Kindern der nach der Düsseldorfer Tabelle ermittelte Bedarf vermindern, wenn das Kind eigene Einnahmen – beispielsweise eine Ausbildungsvergütung – erzielt, oder Einkünfte aus Vermögen – zum Beispiel Einnahmen aus einer Immobilie – hat.

Berliner Tabelle für den Osten

Bundesländer im Osten

Für die fünf Bundesländer im Osten einschließlich Ostberlin ergibt sich der Unterhalt aus der Berliner Tabelle, die Sie ebenfalls auf der beiliegenden CD-ROM finden. Die Berliner Tabelle wird immer dann angewandt, wenn sowohl die Unterhaltsberechtigten als auch der Unterhaltsverpflichtete im Beitrittsgebiet wohnhaft sind. Wohnt einer der Beteiligten in den alten

Bundesländern, werden die Düsseldorfer und die Berliner Tabelle gemischt angewandt. Einzelheiten dazu finden Sie in den Anmerkungen zur Berliner Tabelle auf der CD-ROM.

Leistungsfähigkeit des Unterhaltsverpflichteten

Gesteigerte Unterhaltspflicht

Gegenüber minderjährigen unverheirateten Kindern besteht, wie bereits erwähnt, eine gesteigerte Unterhaltspflicht der Eltern. Das heißt, die Gerichte gehen regelmäßig davon aus, dass Eltern in der Lage sind, ihren Kindern den Mindestunterhalt in Höhe der Regelsätze der Düsseldorfer Tabelle zu zahlen. Erzielen die Eltern tatsächlich ein darunter liegendes Einkommen, wird Ihnen die Differenz als fiktives Einkommen zugerechnet, wenn Sie nicht glaubhaft nachweisen können, dass sie trotz aller Anstrengungen nicht in der Lage sind, mehr zu verdienen. Die Gerichte vertreten dann tatsächlich den Standpunkt, dass dies durch das Austragen von Zeitungen oder andere Aushilfstätigkeiten neben dem Hauptberuf erreicht werden kann.

Sonderbedarf

Sonderbedarf

In den Unterhaltsbeträgen der Düsseldorfer Tabelle sind allerdings keine Beträge für den so genannten Sonderbedarf enthalten. Ein Sonderbedarf liegt immer dann vor, wenn der unregelmäßig eintritt und dabei außergewöhnlich hoch ist. Voraussetzung dafür ist, dass der Bedarf überraschend beziehungsweise unvorhergesehen auftritt und am laufenden Unterhalt gemessen so hoch ist, dass eine alleinige Kostentragung durch den Unterhaltsgläubiger unbillig ist. Die Einzelheiten dazu sind innerhalb der Rechtsprechung heftig umstritten. Der BGH hat dazu bereits 1982 festgestellt, dass sich nur ganz individuell beurteilen lässt, ob ein Sonderbedarf vorliegt.

Kosten für Nachhilfestunden

So gibt es einige Oberlandesgerichte, die die Kosten einer Klassenreise des Kindes als Sonderbedarf anerkennen, während andere Oberlandesgerichte dies verneinen. Die Kosten für Nachhilfestunden dagegen werden überwiegend von den Gerichten als Sonderbedarf anerkannt.

Der wohl umstrittenste Punkt bei der Frage nach Sonderbedarf sind immer wieder die Kosten für Feierlichkeiten wie Konfirmation und Kommunion. Die Rechtssprechung der Oberlandesgerichte geht allerdings überwiegend dahin, diese Kosten nicht als Sonderbedarf anzuerkennen.

Krankenversicherungskosten

Beamtenkinder

Wenn die Kinder nicht bei einem Elternteil in der gesetzlichen Krankenversicherung familienversichert sind, hat der Unterhaltspflichtige neben dem Kindesunterhalt auch die Kosten einer privaten Krankenversicherung der Kinder zu bezahlen. Dies ist regelmäßig bei Beamtenkindern der Fall.
Hierbei ändert sich die Ermittlung des bereinigten Nettoeinkommens geringfügig, da der Unterhaltspflichtige vor Feststellung des Bedarfs nach der Düsseldorfer Tabelle die Prämien zur Krankenversicherung der Kinder von seinem Nettoeinkommen abziehen darf und erst anschließend aus dem verbleibenden Nettoeinkommen der Unterhaltsbedarf ermittelt wird.

Krankenversicherung bei Beamtenkindern

Herr Müller ist gegenüber seinen beiden acht und zehnjährigen Kindern und seiner Ehefrau unterhaltsverpflichtet. Als Beamter erzielt er ein monatliches bereinigtes Nettoeinkommen von 2.350 Euro. Die Kosten der Krankenversicherung für die Kinder belaufen sich auf monatlich jeweils 30 Euro. Eigentlich müsste Herr Müller aufgrund seines Einkommens Kindesunterhalt gemäß der siebten Gehaltsstufe der Düsseldorfer Tabelle zahlen. Doch da er monatlich 60 Euro für die Krankenversicherung der Kinder aufwenden muss, beläuft sich sein anrechenbares Einkommen nur auf 2.290 Euro. Herr Müller zahlt deshalb aus der sechsten Gehaltsgruppe der Düsseldorfer Tabelle Kindesunterhalt. ◂

Wer von uns bekommt das Kindergeld?

Ausgezahlt erhält das Kindergeld derjenige, bei dem die Kinder wohnen. Entsprechende Anträge sind bei der Familienkasse des jeweils zuständigen Arbeitsamts zu stellen. Ein Muster für einen solchen Antrag finden Sie auf der beiliegenden CD-ROM.
Eine andere Frage ist, wie das Kindergeld bei der Unterhaltsberechnung berücksichtigt wird. Bis Anfang 2001 galt, dass derjenige, der Kindesunterhalt zahlte, von dem eigentlich ermittelten Bedarf gemäß der Düsseldorfer Tabelle die Hälfte des Kindergeldes für das jeweilige Kind abzog, so dass er entsprechend weniger zahlte. Aufgrund einer im Herbst 2000 erfolgten Gesetzesänderung ist das Kindergeld seither dem Unterhaltspflichtigen so lan-

ge nicht gutzuschreiben, wie er nicht mindestens 135 Prozent des jeweiligen Regelsatzes der jeweiligen Altersstufe an Unterhalt für das Kind bezahlt. Regelsatz ist der Betrag, welcher der untersten Stufe der Düsseldorfer Tabelle entspricht. Wer also weniger als 135 Prozent des jeweiligen Regelbetrags zahlt, dem wird das Kindergeld überhaupt nicht mehr oder nur noch teilweise gutgeschrieben.

CD-ROM

Die genauen Zahlbeträge in den unteren Einkommensgruppen finden Sie in der Tabelle „Kindergeldanrechung“ auf der CD-ROM. Beachten Sie bitte, dass sich die dort ausgewiesenen Beträge ändern, wenn sich die Düsseldorfer Tabelle oder die Kindergeldbeträge ändern.

Diese Regelung wird damit begründet, dass das Existenzminimum des Kindes jeweils erst dann abgedeckt sei, wenn mindestens 135 Prozent des jeweiligen Regelsatzes der jeweiligen Altersstufe gezahlt werden. Da der Unterhaltsschuldner laut Gesetz verpflichtet ist, alle ihm zur Verfügung stehenden Mittel einzusetzen, um das Existenzminimum des Kindes zu sichern, muss er auch den auf ihn entfallenden Anteil des Kindergeldes dafür einsetzen.

Experten-Tipp

Achten Sie auf den Selbstbehalt!

Beachten Sie immer den Ihnen mindestens zu belassenden Selbstbehalt von 840 Euro (West) oder 775 Euro (Ost), wenn Sie berufstätig, beziehungsweise 730 Euro (West) oder 675 Euro (Ost), wenn Sie nicht erwerbstätig sind. Sollten Sie durch die teilweise Nichtanrechnung des Kindergeldes unter diese Selbstbehalte rutschen, nehmen Sie anwaltliche Hilfe in Anspruch, um die Erhöhung der Unterhaltszahlung zumindest insofern abzuwenden. ◂

Auf der CD-ROM finden Sie eine Darstellung der tatsächlich aufzuwendenden Unterhaltsbeträge, aus der Sie erkennen können, welche tatsächlichen Belastungen auf Sie zukommen.

Experten-Tipp

Warten Sie ab, bis Sie eine Aufforderung erhalten

Auch wenn sich die Beträge der Düsseldorfer Tabelle erhöhen sollten, müssen Sie nicht von sich aus aktiv werden. Warten Sie ab, bis Sie zu höheren Unterhaltszahlungen aufgefordert werden. Nur wenn Sie den Unterhalt als Prozentsatz vom Regelbetrag festgelegt haben, müssen Sie ab dem Tag der Änderung auch den höheren Unterhalt zahlen. ◂

Wer bereits Unterhalt nach einer höheren Gehaltsgruppe als der bis 2.100 Euro bezahlt, ist von der Kindergeldanrechung nicht betroffen. Er kann auch weiterhin das hälftige Kindergeld auf den ermittelten Bedarf nach der Düsseldorfer Tabelle anrechnen.

Was sind Jugendamtsurkunden?

Vollstreckbarer Titel

Wenn Sie bereits aufgefordert wurden, Kindesunterhalt zu zahlen, haben Sie wahrscheinlich schon von dem Begriff „Jugendamtsurkunde" gehört. Hierbei handelt es sich um die für den Unterhaltspflichtigen kostengünstigste Möglichkeit, einen vollstreckbaren Titel über den Kindesunterhalt zu schaffen. Ein vollstreckbarer Titel kann prinzipiell ein Urteil, eine Jugendamtsurkunde oder eine notarielle Urkunde sein. Der Titel ist vollstreckbar, wenn er aufgrund einer vom Gericht, Notar oder Jugendamt zu erteilenden Vollstreckungsklausel geeignet ist, damit die Zwangsvollstreckung gegen den Unterhaltsschuldner zu betreiben, indem man beispielsweise das Gehalt des Unterhaltsschuldners pfändet oder ihm den Gerichtsvollzieher schickt, damit dieser eine so genannte Mobiliarpfändung vornimmt, also Gegenstände aus dem Haushalt des Schuldners abholt, um diese zu versteigern.

Kostengünstige Möglichkeit

Diese Möglichkeit ist nicht nur kostengünstig, sondern auch relativ einfach. Gehen Sie zum Jugendamt Ihrer Stadt- oder Gemeindeverwaltung, und erkennen Sie dort den Kindesunterhalt in der von Ihnen gewollten Höhe an. Wie Sie die ermitteln können, haben Sie ja bereits erfahren. Der Jugendamtsmitarbeiter errichtet dann eine Urkunde, von der Sie und Ihre Frau jeweils Abschriften erhalten.

Experten-Tipp

Lassen Sie die Unterhaltszahlungen bis zur Vollendung des 18. Lebensjahres des Kindes begrenzen!

Achten Sie darauf, dass die Urkunde zeitlich begrenzt wird, und zwar bis zur Vollendung des 18. Lebensjahres Ihres Kindes. Auf diese Weise vermeiden Sie es, die Veränderungen, die mit seiner Volljährigkeit einsetzen, mithilfe einer Abänderungsklage geltend machen zu müssen. Haben Sie den Unterhalt nämlich zeitlich begrenzt, muss das Kind aktiv werden, wenn es über die Volljährigkeit hinaus noch Unterhalt haben möchte.

Titulierungsinteresse der Gegenseite

Die Jugendamtsurkunde verursacht Ihnen keine Kosten. Überdies befriedigen Sie mit ihrer Übersendung durch die Höhe des darin festgeschriebenen Unterhalts zugleich auch das Titulierungsinteresse der Gegenseite. Das bedeutet, dass der Unterhaltsberechtigte im Fall, dass der Unterhaltsschuldner nicht mehr zahlt, einen vollstreckbaren Titel in Händen hat, mit dem bei nicht gezahltem Unterhalt sofort die Zwangsvollstreckung gegen den Unterhaltsschuldner betrieben werden kann. Wenn die Gegenseite weiter auf einen höheren Unterhalt besteht, kann sie nur noch die Differenz einklagen, was den Streitwert einer solchen Klage und damit die Gerichts- und Anwaltskosten erheblich mindert.

Praxis-Beispiel

Die Höhe des Unterhalts wird zum Streitfall

Die Anwältin Ihrer Frau verlangt für Ihr elfjähriges Kind Unterhalt in Höhe von 386 Euro. Erkennen Sie nun Unterhalt in Höhe von 343 Euro durch eine Jugendamtsurkunde an, weil Sie nach Ihrer Meinung nicht so viel verdienen, wie die Anwältin voraussetzt, beträgt die Differenz 43 Euro.

Führt die Gegenseite deshalb einen Prozess, beläuft sich der Streitwert auf 516 Euro (12 x 43 Euro). Hätten Sie die Urkunde nicht errichtet und hätte die Anwältin deshalb den gesamten Unterhalt einklagen können, hätte der Streitwert 4.632 Euro betragen. Aufgrund des wesentlich geringeren Streitwerts vermindern sich die Anwalts- und Gerichtskosten erheblich, falls Sie den Prozess verlieren sollten. ◀

To Do

Bei geringem Einkommen: Jugendamtsurkunden errichten

Wenn Sie weniger als 2.500 Euro bereinigtes Nettoeinkommen (monatliches Nettoeinkommen inklusive eines eventuellen Wohnvorteils oder anderer einkommensähnlicher Vorteile, bereinigt von absetzbaren Schulden und berufsbedingten Aufwendungen etc.) haben, sollten Sie die Errichtung von Jugendamtsurkunden erwägen. Mit diesen Urkunden können Sie im Vereinfachten Verfahren die Zulässigkeit des Verfahrens bestreiten, da das Verfahren bei Vorliegen eines vollstreckbaren Titels über den Kindesunterhalt unzulässig und die Jugendamtsurkunde ein solcher vollstreckbarer Titel ist. ◀

Außerdem können Sie mithilfe einer Jugendamtsurkunde verhindern, dass die Gegenseite im so genannten Vereinfachten Verfahren gemäß §§ 645 ff. ZPO vorgehen kann. Dieses Verfahren ist eine zwar nicht ganz einfache, allerdings doch recht zügige Möglichkeit für die Mutter, Kindesunterhalt tituliert zu erhalten – und das in Höhe von 150 Prozent des für die jeweilige Altersstufe geltenden Regelbetrags, ohne dass es eines Nachweises der Leistungsfähigkeit des Unterhaltsschuldners bedarf. Wenn Sie nicht in der Lage sind, so viel Unterhalt zu zahlen, müssen Sie dies dem Gericht nachweisen, indem Sie alle Einkommensunterlagen vorlegen.

Unser Kind beginnt eine Lehre – muss ich da noch zahlen?

Praxis-Beispiel

Minderjähriges Kind in Ausbildung

Herr Keller erzielt ein monatliches durchschnittliches Nettoeinkommen von 2.900 Euro. Er ist seinem 16-jährigen Sohn Frank gegenüber unterhaltsverpflichtet. Gemäß der Düsseldorfer Tabelle ist er mit seinem Gehalt in die neunte Gruppe einzustufen. Da er aber nur einem Unterhaltsberechtigten gegenüber unterhaltsverpflichtet ist, wird er nach der neueren Rechtsprechung drei Stufen höher angesetzt, so dass sich der Unterhaltsbedarf seines Sohnes auf 540 Euro monatlich beläuft. Frank wohnt noch bei seiner Mutter, die ihm Naturalunterhalt gewährt. Nach Abschluss der Realschule beginnt Frank eine Ausbildung als Automechaniker. Im ersten Lehrjahr erhält er eine Ausbildungsvergütung von monatlich 485 Euro netto. ◀

Gemäß § 1610 Abs. 2 BGB sind Eltern verpflichtet, ihren Kindern eine angemessene Berufsausbildung zu finanzieren. Soweit die Kinder aufgrund der Ausbildung ein Einkommen erzielen, ist dieses Einkommen auf den Bedarf des Auszubildenden anzurechnen.

Minderjährige Auszubildende

Bei minderjährigen Auszubildenden ist die vom Ausbilder gewährte Vergütung zunächst um berufsbedingte Aufwendungen zu bereinigen. Der BGH fordert zwar, dass diese Aufwendungen nicht pauschal mit einem bestimmten Prozentsatz zu bemessen sind, sondern im konkreten Einzelfall nach den Verhältnissen festgestellt werden müssen, doch die meisten Oberlandesgerichte folgen auch weiterhin dem OLG Düsseldorf, das in der Anmerkung 8 zur Düsseldorfer Tabelle festschreibt, dass von der Ausbildungsvergütung in der Regel ein Pauschalbetrag von 85 Euro abzusetzen ist, wenn der Auszubildende bei einem Elternteil wohnhaft ist.

Der verbleibende Teil der Ausbildungsvergütung kommt dann beiden Eltern, also sowohl dem Barunterhaltspflichtigen als auch dem das Kind betreuenden Elternteil, jeweils hälftig zugute.

Bereinigte-Ausbildungsvergütung

Im oben dargestellten Beispiel verbleibt nach Abzug des Pauschalbetrags in Höhe von 85 Euro eine bereinigte Ausbildungsvergütung von 400 Euro, so dass Herr Keller auf den Unterhaltsbedarf von Frank einen Betrag in Höhe von 200 Euro anrechnen kann. Außerdem kann Herr Keller natürlich das hälftige Kindergeld in Höhe von 77 Euro anrechnen, da seine Ehefrau das gesamte Kindergeld bezieht. Der tatsächlich zu zahlende Unterhalt beläuft sich für Herrn Keller somit auf (540 – 200 – 77) Euro, also auf insgesamt 263 Euro.

Wird Frank im Verlaufe der Ausbildung volljährig, ändert sich die Berechnungsweise vollständig. Dann wird nämlich die um die ausbildungsbedingten Aufwendungen bereinigte Ausbildungsvergütung insgesamt vom Unterhaltsbedarf abgesetzt. Der verbleibende Restbetrag wird zwischen den beiden Elternteilen einkommensabhängig aufgeteilt. Dabei ist von dem jeweils ermittelten Nettoeinkommen zuerst der angemessene Selbstbehalt abzuziehen, der sich für Erwerbstätige gegenüber volljährigen Kindern auf 1.000 Euro beläuft.

Praxis-Beispiel

Volljähriges Kind in Ausbildung – beide Eltern verdienen

Herr Keller verdient immer noch 2.900 Euro monatlich. Seine Ehefrau verdient monatlich 1.275 Euro netto. Bei Frank hat sich in der Ausbildungsvergütung nichts geändert. Zur Ermittlung der jeweiligen Haftungsanteile der Eltern sind von den monatlichen Nettoeinkommen jeweils 1.000 Euro abzuziehen. Der Haftungsanteil von Herrn Keller beläuft sich somit auf 1.900 Euro, der von Frau Keller auf 275 Euro. ◀

Neuer Unterhaltsbedarf

Geändert hat sich nunmehr der Unterhaltsbedarf von Frank. Dieser errechnet sich jetzt aus den zusammengerechneten Nettoeinkommen der Eltern, einem Betrag in Höhe von insgesamt 4.175 Euro. Da Frank inzwischen außerdem volljährig ist, beläuft sich sein Unterhaltsbedarf gemäß der Düsseldorfer Tabelle auf 622 Euro. Von diesem Bedarf ist die um ausbildungsbedingte Aufwendungen bereinigte Ausbildungsvergütung in Höhe von 400 Euro abzuziehen, so dass Frank noch einen Unterhaltsbedarf von insgesamt 222 Euro hat.

Haftungsanteil von Herrn Keller

Der Haftungsanteil von Herrn Keller ermittelt sich nunmehr wie folgt: Bedarf von Frank = 222 Euro x dem Haftungsanteil von Herrn Keller in Höhe von 1.900 Euro / die Summe der Haftungsbeträge beider Eltern in Höhe von 2.175 Euro. Es ergibt sich ein Unterhaltsanspruch gegen Herrn Keller in Höhe von gerundet 194 Euro.
Frau Keller haftet hier für die Differenz zu dem Bedarf in Höhe von 222 Euro, mithin für einen Betrag in Höhe von 28 Euro. Da Herr Keller von dem Betrag in Höhe von 194 Euro noch das hälftige Kindergeld von 77 Euro absetzen kann, hat Herr Keller einen Betrag von 117 Euro an Frank zu zahlen.

Haben volljährige Kinder noch einen Unterhaltsanspruch?

Drei Voraussetzungen

Bei volljährigen Kindern ist zu unterscheiden zwischen solchen, die sich noch in der allgemeinen Schulausbildung befinden, das 21. Lebensjahr noch nicht vollendet haben und noch zu Hause wohnen, und solchen, auf die eine dieser Voraussetzungen nicht mehr zutrifft. Die volljährigen Kinder, auf die alle drei Voraussetzungen zutreffen, werden unterhaltsrechtlich wie minderjährige Kinder behandelt.

Experten-Tipp

Volljährigkeit ist nicht gleich Volljährigkeit

Eine der wichtigsten Konsequenzen aus der bereits erläuterten Unterscheidung ist, dass für Erwerbstätige gegenüber den privilegierten volljährigen Kindern (s. Seite 39 f.) weiterhin der geringe Selbstbehalt in Höhe von 840 Euro (West) bzw. 775 Euro (Ost) gilt, gegenüber den anderen volljährigen Kindern hingegen der große Selbstbehalt mit 1.000 Euro (West) bzw. 925 Euro (Ost), natürlich immer vorausgesetzt, dass Sie auch berufstätig sind. Dies kann dazu führen, dass Sie dem studierenden Kind gegenüber nicht mehr unterhaltspflichtig sind, weil aufgrund der Unterhaltszahlungen an die minderjährigen Geschwister des Kindes Ihr großer Selbstbehalt bereits unterschritten wird. Lassen Sie sich von Ihrem Anwalt beraten, wenn Sie sowohl gegenüber minderjährigen als auch gegenüber volljährigen nicht privilegierten Kindern unterhaltspflichtig sind.

Bekommen die Kinder während der Ausbildung Unterhalt?

Trifft eine der eingangs aufgeführten Voraussetzungen nicht zu, hat der Volljährige gemäß § 1610 Abs. 2 BGB gegen seine Eltern einen Anspruch, dass diese ihm eine angemessene Berufsausbildung finanzieren. Hierbei haben die Eltern sowohl die Fähigkeiten als auch die Begabung des Kindes im Rahmen ihrer wirtschaftlichen Verhältnisse zu berücksichtigen. Der Volljährige entscheidet über die Wahl seiner Ausbildung beziehungsweise seines Studiums in eigener Verantwortung. Solange die gewählte Ausbildung den Fähigkeiten und Begabungen des Volljährigen entspricht, sind die Eltern zur Finanzierung verpflichtet.

Wenn das Kind minderjährig ist, dann entscheiden die Eltern (solange sie das gemeinsame Sorgerecht haben, andernfalls liegt die Entscheidung beim Alleinsorgeberechtigten), welche Ausbildung das Kind beginnt. Hierbei muss aber ebenfalls berücksichtigt werden, welche Fähigkeiten und Eignung das Kind hat.

Finanzierung der Erstausbildung

Grundsätzlich sind die Eltern nur zur Finanzierung der Erstausbildung verpflichtet. In bestimmten Ausnahmefällen können sie jedoch auch dazu herangezogen werden, die Kosten einer Zweitausbildung zu tragen. Darüber erfahren Sie im nächsten Abschnitt mehr.

Unser Kind will nach einer Lehre noch studieren – müssen wir Eltern das zahlen?

Praxis-Beispiel

Wer finanziert das Studium nach der Lehre?

Der Vater hat seinen Sohn nach dem Abitur gedrängt, eine Banklehre zu machen. Der Sohn wollte schon zum damaligen Zeitpunkt viel lieber Deutsch und Geschichte für das Lehramt studieren. Weil sein Vater ihm aber drohte, ihn zu enterben, hatte sich der Sohn gefügt. Unmittelbar nach Abschluss der Lehre hat er doch noch mit dem Studium begonnen. Nun verlangt er von seinem Vater Unterhalt. Dieser wehrt sich gegen die Unterhaltsverpflichtung mit der Begründung, der Sohn habe ja bereits eine Ausbildung. ◂

Gute Aussichten

In diesem Fall hat der Sohn gute Aussichten, seinen Unterhaltsanspruch gegen den Vater durchzusetzen, da dieser ihn in eine Ausbildung gedrängt hat, die nicht seinen Fähigkeiten und Neigungen entsprach. Voraussetzung ist natürlich, dass der Sohn das selbst gewählte Studium nunmehr zielgerichtet betreibt. Kann der erlernte Beruf eines Kindes aus gesundheitlichen Gründen nicht ausgeübt werden, zum Beispiel wegen einer Allergie gegen bestimmte Stoffe, können die Eltern ebenfalls verpflichtet werden, eine zweite Ausbildung zu finanzieren.

Praxis-Beispiel

Jurastudium nach der Banklehre

Die Tochter hat nach dem Abitur zuerst eine Banklehre absolviert. Bereits vor Antritt der Lehre hatte sie ihren Eltern gesagt, dass sie anschließend noch Jura studieren wolle. Als die Tochter die Banklehre abgeschlossen hat, verweigern die Eltern weitere Unterhaltszahlungen für die Dauer des Studiums mit der Begründung, die Tochter habe bereits eine Ausbildung. ◂

Auch in diesem Fall hat die Tochter gute Aussichten, dass die Eltern ihr das Studium finanzieren müssen. Die Rechtsprechung geht davon aus, dass Kinder, die nach dem Abitur eine praktische Ausbildung absolviert haben, immer dann einen Anspruch darauf haben, ein Hochschulstudium anzuschließen, wenn das Studium mit der Lehre in einem engen sachlichen und zeitlichen Zusammenhang steht. Der enge zeitliche Zusammenhang ist gegeben, wenn unmittelbar nach Abschluss der Ausbildung mit dem Studium begonnen wird. Arbeitet das Kind jedoch im erlernten Beruf länger weiter als die Wartezeit auf den Studienplatz erfordert, ist der enge zeitliche Zusammenhang nicht mehr gegeben.

Enger sachlicher Zusammenhang

Die Frage des engen sachlichen Zusammenhangs lässt sich so pauschal nicht beantworten. Bejaht wurde sie beispielsweise für die Fälle Banklehre – Jurastudium, Banklehre – Wirtschaftswissenschaften, Landwirtschaftslehre – Agrarwissenschaften oder Industriekauffrau – Jurastudium. Keinen engen sachlichen Zusammenhang sah die Rechtsprechung bisher hingegen bei Speditionskaufmann – Jurastudium, Bankkaufmann – Wirtschaftsinformatik oder Industriekaufmann – Maschinenbaustudium. Ob ein enger sachlicher Zusammenhang gegeben ist, muss also immer im Einzelfall geprüft werden.

Zeit der Arbeitssuche

Der Pflicht der Eltern, die Ausbildung zu finanzieren, entspricht auf Seiten des Kindes die Verpflichtung, seine Ausbildung mit dem gehörigen Fleiß und der gebotenen Zielstrebigkeit zu betreiben. Ihr Kind muss also innerhalb der Regelstudienzeit sein Studium beenden, wobei Sie wohl nichts gegen ein Auslandssemester einwenden können, sofern die dort erbrachten Leistungen auch in Deutschland anerkannt werden. Zudem haben Sie einen Anspruch darauf, regelmäßig über den Fortgang des Studiums und den Leistungsstand informiert zu werden, indem Sie sich die jeweiligen Leistungsnachweise vorlegen lassen. Hat Ihr Kind seine Ausbildung abgeschlossen, erlischt der Unterhaltsanspruch nicht unmittelbar. Auch während der Zeit der Arbeitssuche Ihres Kindes sind Sie noch unterhaltspflichtig. Hier werden von den Gerichten Zeiträume zwischen zwei und sechs Monaten als angemessen angesehen.

Experten-Tipp

Was tun bei Unterhaltsforderungen volljähriger Kinder?

Macht Ihr volljähriges Kind Ihnen gegenüber Unterhaltsansprüche geltend, sollten Sie in jedem Fall einen Anwalt aufsuchen. Denn gegenüber volljährigen Kindern, die nicht unter die auf Seite 39 f. erläuterte Privilegierung fallen, haften beide Eltern entsprechend ihrer Einkommensverhältnisse. Die Berechnung des Haftungsanteils gestaltet sich allerdings sehr kompliziert und würde den Rahmen dieses Buchs sprengen, da hier eine Vielzahl von Ausnahmen zu berücksichtigen sind. ◂

Meine Frau will Kindesunterhalt, obwohl sie darauf vertraglich verzichtet hat – geht das?

Praxis-Beispiel

Ist eine Verzichtserklärung nicht in jedem Fall gültig?

Herr Röder erzielt monatlich ein bereinigtes Nettoeinkommen in Höhe von 2.400 Euro. Gemäß der Düsseldorfer Tabelle müsste er für seine sieben Jahre alte Tochter einen monatlichen Kindesunterhalt in Höhe von 343 Euro und für seinen 13-jährigen Sohn in Höhe von 404 Euro bezahlen. In einer notariellen Urkunde, in der die Eheleute Röder die Trennungs- und Scheidungsfolgen regeln, wird festgehalten, dass Herr Röder für die Kinder an Frau Röder monatlich jeweils 150 Euro bezahlt. Wenige Wochen später erhält Herr Röder einen Brief von der Anwältin seiner Ehefrau, dass er ab sofort den oben genannten Kindesunterhalt nach der Düsseldorfer Tabelle bezahlen soll. ◂

Zu niedriger Kindesunterhalt

Ein Fall, wie er in der Praxis häufig vorkommt. Um das Ergebnis gleich vorwegzunehmen: Der Ehemann ist trotz der notariellen Vereinbarung verpflichtet, den Unterhalt für seine beiden Kinder gemäß Düsseldorfer Tabelle und nicht gemäß der notariellen Vereinbarung zu zahlen. Die Rechtsprechung sieht nämlich in der Vereinbarung eines zu niedrigen Kindesunterhalts einen Teilverzicht auf Kindesunterhalt. Gemäß § 1614 BGB kann aber auf Unterhalt für die Zukunft nicht verzichtet werden. Eine Ausnahmevorschrift, allerdings nur für den nachehelichen Ehegattenunterhaltsanspruch, findet sich in § 1585 c BGB. Von daher ist der notariell beurkundete Teilverzicht auf den Kindesunterhalt gesetzwidrig und damit nichtig.
Manche versuchen, das gesetzliche Verbot des Verzichts auf Unterhalt zu umgehen, indem zum Bespiel die Kindsmutter erklärt, den Kindsvater von Zahlungen, die über den vereinbarten Kindesunterhalt hinausgehen, freizustellen. Diese Regelung dürfte spätestens seit der Entscheidung des Bundesverfassungsgerichts vom 6.2.2001 einer gerichtlichen Überprüfung nicht mehr standhalten. Das Bundesverfassungsgericht hat nämlich entschieden, dass eine entsprechende Vereinbarung der Eltern regelmäßig dem Kindeswohl zuwider läuft und deshalb nicht wirksam ist, es sei denn, dass der freistellende Elternteil seinen und den Unterhalts des Kindes beispielsweise aus eigenem Vermögen oder aufgrund seiner überdurchschnittlichen Einkommensverhältnisse sicherstellen kann. (Auf der CD-ROM finden Sie dazu folgendes Urteil: BVerfG vom 6.2.2001 – AZ 1 BvR 12/92.)

To Do

Besprechen Sie einen geplanten Teilverzicht auf Unterhalt mit Ihrem Anwalt!

Bevor Sie mit Ihrer Frau einen Teilverzicht auf Kindesunterhalt oder eine teilweise Freistellung vom Kindesunterhalt vereinbaren, lassen Sie sich in jedem Fall ausführlich von Ihrem Anwalt beraten. Anderenfalls laufen Sie Gefahr, dass Sie trotz entgegenstehender Vereinbarungen zu höheren Kindesunterhaltszahlungen herangezogen werden. Wenn Ihnen dies nach anwaltlicher Beratung trotzdem passiert, haben Sie eventuell einen Schadenersatzanspruch gegen den Anwalt. ◂

Mein Kind weigert sich, mich zu sehen – muss ich überhaupt noch zahlen?

Niedrigerer Unterhalt

Die Antwort gibt § 1611 BGB. Danach muss der Verpflichtete in bestimmten Fällen nur einen herabgesetzten, der Billigkeit entsprechenden Unterhalt bezahlen. Liegt sogar grobe Unbilligkeit vor, kann der Unterhaltsanspruch insgesamt entfallen.

Normalerweise muss der Unterhaltsschuldner Unterhalt gemäß seines Einkommens nach den Einkommensgruppen der Düsseldorfer Tabelle bezahlen. Ein der Billigkeit entsprechender Unterhalt kann – muss aber nicht – niedriger sein, da durch einen der Billigkeit entsprechenden Unterhalt nur der notwendigste Bedarf des Unterhaltsberechtigten gedeckt werden soll. In der Praxis wird dies gelegentlich dadurch umgesetzt, dass der Schuldner Unterhalt nicht nach der auf ihn zutreffenden Einkommensgruppe der Düsseldorfer Tabelle bezahlt, sondern in eine niedrigere, gegebenenfalls in die unterste Gruppe eingestuft wird. Unbilligkeiten in diesem Zusammenhang sind etwa schwere Verfehlungen gegen den Unterhaltsschuldner. Obwohl die Gerichte sich immer wieder mit der Frage befassen mussten, unter welchen Voraussetzungen ein Unterhaltsanspruch beschränkt oder entzogen werden könnte, gibt es hierzu jedoch kaum aktuelle Entscheidungen. Es kommt auf die ganz speziellen Umstände des Einzelfalles an, ob eine Handlung gegen den Unterhaltsschuldner unbillig ist oder nicht.

Schwere Verfehlung

Begeht der Unterhaltsberechtigte gegenüber dem Unterhaltsverpflichteten oder einem seiner nahen Angehörigen eine schwere Verfehlung, kann darin ein Grund für eine Beschränkung oder Entziehung des Unterhaltsanspruchs liegen. Gemeint sind hier vor allem tief greifende Kränkungen, die einen groben Mangel an verwandtschaftlicher Gesinnung und menschlicher Rücksichtnahme erkennen lassen. Darunter fallen tätliche Angriffe, Denunziationen und eine tief greifende Verachtung, die sich in schweren Beleidigungen äußert.

Taktloses Verhalten

Verhält sich Ihr Kind Ihnen gegenüber hingegen nur taktlos, weil es sich beispielsweise weigert, Sie zu duzen, oder lehnt es jeglichen Kontakt zu Ihnen ab, reichen solche Verhaltensweisen zur Annahme einer schweren Verfehlung nicht aus. Sie können also den Unterhalt nicht deshalb mindern, weil Ihr Kind sich weigert, Sie zu treffen.

Wie viel und wie lange muss ich Ehegattenunterhalt zahlen?

Reform des Eherechts

Bis zur Reform des Eherechts Ende der siebziger Jahre galt auch im Unterhaltsrecht das Verschuldensprinzip. Danach waren die Unterhaltsansprüche desjenigen, den ein Verschulden am Scheitern der Ehe traf, stark eingeschränkt oder teilweise sogar ausgeschlossen. Seit der Reform spielt ein mögliches Verschulden eines Ehegatten im Hinblick auf seine Unterhaltsansprüche keine Rolle mehr, wenn die vom Gesetz vorgesehenen Voraussetzungen erfüllt sind. Dabei geht der Gesetzgeber grundsätzlich davon aus, dass jeder der Ehegatten spätestens mit der rechtsgültigen Scheidung für sich selbst verantwortlich ist. Dieser Grundsatz ist allerdings in der Praxis praktisch ins Gegenteil verkehrt worden.

Experten-Tipp

Lassen Sie die Unterhaltsforderungen vom Rechtsanwalt prüfen

Die wesentlichen Grundzüge des Unterhaltsrechts werden in diesem Kapitel erläutert. Allerdings ergehen Woche für Woche eine Vielzahl von gerichtlichen Entscheidungen, die bei der Berechnung des Unterhalts berücksichtigt werden müssen. Sie sollten eventuelle Unterhaltsforderungen der Gegenseite deshalb unbedingt von Ihrem Rechtsanwalt überprüfen zu lassen.

Meine Frau hat auf Unterhalt verzichtet – ist das wirksam?

Fall für die Sozialhilfe

Ein Unterhaltsverzicht kann nur den nachehelichen Ehegattenunterhaltsanspruch betreffen, nicht aber den Trennungsunterhalt. Dieser wird dann grundsätzlich wirksam, es sei denn, dass bereits bei der Erklärung des Verzichts absehbar war, dass der betreffende Ehegatte dann ein Fall für die Sozialhilfe würde. Der eigentlich Unterhaltsverpflichtete darf sich außerdem nicht auf die Verzichtserklärung seines Ehegatten berufen, wenn dieser ein gemeinsames minderjähriges Kind zu betreuen hat.

Praxis-Beispiel

Unterhaltszahlungen trotz Verzichtserklärung?

Sie und Ihre Frau hatten bei oder nach der Eheschließung einen nachehelichen Unterhaltsanspruch ausgeschlossen. Zum Zeitpunkt der Scheidung kann Ihre Frau jedoch nicht erwerbstätig sein, da sie das gemeinsame minderjährige Kind betreut. Der Unterhaltsverzicht tritt dann so lange nicht in Kraft, bis das Kind das achte Lebensjahr vollendet hat. Bis dahin hat Ihre Frau trotz ihres ursprünglichen Unterhaltsverzichts einen Anspruch auf den so genannten Mindestunterhalt, der sich derzeit auf 730 bis 840 Euro monatlich beläuft. Wenn Ihr Kind sein achtes Lebensjahr vollendet hat, können Sie sich wieder auf den Unterhaltsverzicht Ihrer Frau berufen. ◂

Das Bundesverfassungsgericht geht inzwischen sogar noch weiter: Wenn ein Ehevertrag nicht Ausdruck und Ergebnis gleichberechtigter Lebenspartnerschaft ist, sondern eine einseitige Dominanz eines der Ehegatten widerspiegelt, kann dies die Unwirksamkeit des Vertrags bedeuten. Als Indiz für ein solches Ungleichgewicht nennt das Gericht vor allem eine bei Vertragsabschluss bestehende Schwangerschaft. Berücksichtigung sollen aber auch die Vermögenslage der Eheleute, ihre berufliche Qualifikation sowie die Aufteilung von Erwerbs- und Familienarbeit finden. Angesichts dieser Rechtsprechung ist der Beratungsbedarf vor Abschluss eines Ehevertrags noch gewachsen (Ein Urteil dazu finden Sie auf der CD-ROM).

Worin unterscheiden sich Trennungsunterhalt und nachehelicher Unterhalt?

Der Gesetzgeber unterscheidet zwischen dem so genannten Trennungsunterhalt (§ 1361 BGB) und dem nachehelichen Unterhalt (§§ 1569 ff. BGB). Die wichtigsten Punkte zum Verständnis der Gesetzeslage sind hierbei:

- Trennungsunterhalt wird ab dem Beginn des Getrenntlebens geschuldet, nachehelicher Ehegattenunterhalt ab dem Zeitpunkt, ab dem das Scheidungsurteil rechtskräftig ist.

Geschiedenenunterhalt

- Trennungsunterhalt kann verlangen, wer nicht in der Lage (und auch nicht verpflichtet) ist, sich aus eigenem Einkommen oder Vermögen zu unterhalten. Geschiedenenunterhalt kann nur verlangen, wer sich nicht selbst unterhalten kann (und auch nicht dazu verpflichtet ist) und die

Voraussetzungen von einem der in den §§ 1570 ff. BGB festgelegten Anspruchsgründe erfüllt. Hierzu zählt, wenn jemand Kinder betreut, zu alt ist, um den eigenen Unterhalt selbst zu verdienen oder Ähnliches. Die Einzelheiten hierzu sind in den folgenden Abschnitten dargestellt.

Experten-Tipp

Trennungsunterhalt auch nach der Scheidung?

Ein Urteil über Trennungsunterhalt ist nach Rechtskraft der Ehescheidung nicht mehr wirksam. Wenn Ihre Frau also nur ein solches Urteil erwirkt hat, kann sie damit nach vollzogener Ehescheidung nichts mehr anfangen! Tut sie es dennoch, können Sie eine Vollstreckungsgegenklage erheben.

Bekommt meine Frau Unterhalt, wenn sie die Kinder betreut?

Nach § 1570 BGB hat ein geschiedener Ehegatte die Möglichkeit von dem anderen Ehegatten Unterhalt zu verlangen, solange und soweit von ihm wegen der Pflege oder der Erziehung eines gemeinschaftlichen Kindes eine Erwerbstätigkeit nicht erwartet werden kann. Daraus ergibt sich, dass die Frau, die in der Mehrzahl der Fälle die Kinder betreut, ab einem bestimmten Zeitpunkt verpflichtet ist, wieder erwerbstätig zu werden, um ihren Unterhalt ganz oder teilweise selbst zu sichern. Entscheidend sind hier die zwei Begriffe „solange" und „soweit". Die Rechtsprechung der Obergerichte geht davon aus, dass eine Erwerbstätigkeit von dem betreuenden Elternteil nicht erwartet werden kann, solange das jüngste Kind nicht mindestens das achte Lebensjahr und das zweite Grundschuljahr vollendet hat.

Teilerwerbstätigkeit

In der Zeit zwischen dem achten und dem elften Lebensjahr des Kindes lässt sich nach Auffassung der Rechtsprechung keine feste Regel aufstellen. Hier kommt es immer auf den Einzelfall an. Ab diesem Zeitpunkt kommt aber grundsätzlich zumindest eine Teilerwerbstätigkeit des betreuenden Elternteils in Betracht. Zwischen dem elften und dem 14. Lebensjahr des Kindes gilt eine Teilerwerbstätigkeit nur unter ganz besonderen Voraussetzungen als unzumutbar. Derartige Umstände – etwa eine erhöhte Betreuungsbedürftigkeit des Kindes aufgrund einer Erkrankung – müssen von dem betreuenden Elternteil dargelegt und bewiesen werden.

Praxis-Beispiel

Meine Frau will nicht arbeiten

Ihre Frau lehnt eine Teilzeitbeschäftigung ohne triftige Gründe ab. Dann muss der eventuell zu erzielende Verdient als fiktives Einkommen (s. Seite 71 f.) bei der Unterhaltsberechnung berücksichtigt werden. Das bedeutet für Sie, dass Sie voraussichtlich weniger Unterhalt bezahlen müssen.

Wenn das Kind sein 14. Lebensjahr vollendet hat, ist nach Übereinstimmung der meisten Gerichte eine Vollzeiterwerbstätigkeit für den betreuenden Elternteil zumutbar. Der Zeitpunkt, ab dem eine Vollzeiterwerbstätigkeit erwartet wird, verschiebt sich nach hinten, wenn zwei oder mehr Kinder zu betreuen sind.

Meine Frau will eine Ausbildung machen – muss ich das bezahlen?

Aus-, Fort- oder Weiterbildung

Der Gesetzgeber hat einen Anspruch auf Ehegattenunterhalt wegen einer Aus-, Fort- oder Weiterbildung in zwei Fällen vorgesehen. Nach § 1575 BGB hat ein Ehegatte, der wegen oder in Erwartung der Eheschließung eine Schul- oder Berufsausbildung nicht aufgenommen oder unterbrochen hat, einen Anspruch auf Unterhalt für die Zeit, die er benötigt, um diese oder eine entsprechende Ausbildung nachzuholen oder abzuschließen. Gleiches gilt auch für Fort- und Weiterbildungen. Von größerer praktischer Bedeutung hingegen ist der § 1374 Abs. 3 BGB. Danach kann ein Ehegatte sich aus- oder fortbilden beziehungsweise umschulen lassen, um das berufliche Niveau zu erreichen, das es ihm ermöglicht, eine angemessene Erwerbstätigkeit zu finden. Dieser Unterhaltsanspruch schließt sich oftmals an den Betreuungsunterhaltsanspruch (§ 1570 BGB) an, wenn die Kinder ein Alter erreichen, ab dem eine Erwerbstätigkeit vom betreuenden Ehegatten erwartet werden kann.

Nach Ende der Ausbildung

Selbstverständlich muss Ihre Frau ihre Ausbildung zielgerichtet und zielstrebig betreiben. Nach Abschluss ihrer Ausbildung steht ihr der Unterhaltsanspruch noch so lange zu, wie sie für die Suche nach einer angemessenen Arbeitsstelle braucht. Die Gerichte gehen hier in der Regel von einem Zeitraum von zwei bis sechs Monaten aus.

Meine Frau meint, sie wäre zu alt zum Arbeiten – muss ich deshalb Unterhalt zahlen?

Diese Frage beantwortet § 1571 BGB: Ein Ehegatte kann von dem anderen Unterhalt verlangen, wenn von ihm aufgrund seines Alters eine Erwerbstätigkeit nicht mehr erwartet werden kann. In der Rechtsprechung ist nunmehr heftig umstritten, wann jemand zu alt ist, um noch zu arbeiten. Sicher ist nur, dass mit Erreichen des Rentenalters ein Unterhaltsanspruch wegen Alters gegeben ist. Andererseits haben die Gerichte zuletzt entschieden, dass

- eine 52-jährige Ehefrau auch nach einer 30 Jahre dauernden Ehe,
- eine 53-jährige Ehefrau, die die letzten 22 Jahre nicht erwerbstätig war,
- eine 54-jährige Ehefrau, die während der Ehe nur mitverdient hat,

Unterhalt wegen Alters

jeweils keinen Anspruch auf Unterhalt wegen Alters hatten. Wichtig ist, dass Ihre Frau einen solchen Anspruch nur hat, wenn er sich unmittelbar an einen anderen Unterhaltsanspruch anschließt beziehungsweise bei Rechtskraft der Ehescheidung vorliegt. Details hierzu erklärt Ihnen Ihr Anwalt.

Meine Frau ist zu krank um zu arbeiten – ist das ein Grund, Unterhalt zu zahlen?

Das ist nicht auszuschließen. Geregelt ist dies in § 1572 BGB, der besagt, dass ein Ehegatte Unterhalt verlangen kann, wenn er wegen einer Krankheit erwerbsunfähig ist. Die Erkrankung braucht dabei nicht erst während der Ehe aufgetreten zu sein. Eine ausreichende Begründung stellt auch eine Krankheit dar, die bereits vor der Ehe bestanden hat. Dabei begründet eine bei Rechtskraft der Ehescheidung latent vorhandene Erkrankung den Unterhaltsanspruch nur dann, wenn sie auch in nahem zeitlichen Zusammenhang mit der Scheidung zur Erwerbsunfähigkeit geführt hat.

Der Bundesgerichtshof hat zuletzt einen Zeitraum von 23 Monaten zwischen Scheidung und Krankheitsausbruch als zu lang angesehen und den Unterhaltsanspruch verneint (Auf der CD-ROM finden Sie ein Urteil dazu: BGH 27.6.2001 – AZ: XII ZR 135/99). Hierbei handelt es sich um Erkrankungen, die auch nach den Definitionen der Berufsgenossenschaften eine

CD-ROM

Erwerbsunfähigkeit begründen können. Anders gesagt: Wer im allgemeinen Erwerbsleben als erwerbsunfähig gilt, kann Krankheitsunterhalt beanspruchen, da insoweit im Unterhaltsrecht die gleichen Maßstäbe gelten wie im Sozialversicherungs- und Beamtenrecht.

Meine Frau verdient selbst Geld – muss ich trotzdem zahlen?

Aufstockungsunterhalt

Sie können dazu verpflichtet werden. Nach § 1573 Abs. BGB kann für einen Ehegatten, der trotz vollschichtiger Berufstätigkeit den so genannten Bedarf nach den ehelichen Lebensverhältnissen nicht decken kann, ein Anspruch auf Aufstockungsunterhalt bestehen. Diese Regelung bietet so etwas wie eine Lebensstandardgarantie für den berechtigten Ehegatten. Voraussetzung für den Anspruch auf Aufstockungsunterhalt ist,

- dass Ihre Frau erwerbstätig ist, ihr daraus erzieltes Einkommen aber nicht den eheangemessenen Bedarf erreicht, oder
- dass sie sich zwar wegen mangelnder Erwerbstätigkeit fiktive Einkünfte anrechnen lassen muss, diese aber ebenfalls nicht den eheangemessenen Bedarf erreichen.

Experten-Tipp

Lassen Sie Ansprüche zeitlich begrenzen!

Eine Begrenzung ist vor allem dann möglich, wenn Ihre Ehe nicht besonders lang gedauert hat oder das Zusammenleben die ehelichen Lebensverhältnisse noch nicht geprägt hat. Achten Sie darauf, dass eine zeitliche Begrenzung gegebenenfalls im Urteil festgehalten wird, da Sie diese normalerweise nicht im Nachhinein geltend machen können!

Wie berechnet sich der Unterhalt?

Eins vorneweg: Für die Berechnung des Ehegattenunterhalts kann ein Ratgeber wie dieser nur einen groben Überblick geben. Zu den damit verbundenen Fragen liegt eine solche Vielzahl von Gerichtsentscheidungen vor, dass eine detaillierte Darstellung den Rahmen des Buchs sprengen würde.

Die Berechnung des Unterhalts ist ein Fall für Ihren Anwalt

Gerade in Unterhaltsfragen kann sich der Gang zum Anwalt lohnen. Lassen Sie die Unterhaltsberechnung des Anwalts Ihrer Ehefrau immer durch einen Anwalt Ihres Vertrauens überprüfen! Auch wenn Sie im Monat nur 50 Euro weniger zahlen müssen, verschafft Ihnen das jährlich zusätzliche finanzielle Mittel in Höhe von 600 Euro. Da Sie unter Umständen mehrere Jahre lang Unterhalt zahlen müssen, können sich die Anwaltskosten also durchaus bezahlt machen.

Um den Ehegattenunterhalt zu berechnen, muss zuerst der Bedarf nach den ehelichen Lebensverhältnissen ermittelt werden. Anschließend wird beurteilt, inwieweit Ihre Frau unterhaltsbedürftig ist und zuletzt wird überprüft, ob Sie im Hinblick auf die Höhe des ermittelten Betrags auch leistungsfähig sind, das heißt zahlen können. Der Ehegattenunterhalt berechnet sich, egal ob es sich um Trennungsunterhalt oder nachehelichen Unterhalt handelt, immer gleich.

Bedarf nach den ehelichen Lebensverhältnissen

Gemäß § 1578 Abs. 1 Satz 1 BGB bestimmt sich die Höhe des Unterhalts nach den ehelichen Lebensverhältnissen. Diese richten sich nach den Umständen, die den Lebensstandard der Eheleute prägen.

Berechnungsgrundlage für den Unterhalt

Herr Roosen erhält ein monatliches Nettoeinkommen von 2.000 Euro. Im Monat zahlt er für ein BAföG-Darlehen 50 Euro zurück, für einen gemeinsam mit seiner Ehefrau aufgenommenen Kredit 100 Euro und für eine Kapitallebensversicherung weitere 100 Euro.

In erster Linie wird das durchschnittliche monatliche Nettoeinkommen der Ehegatten herangezogen, um die ehelichen Lebensverhältnisse zu ermitteln.

Aber auch weitere Faktoren können eine Rolle spielen. Haben Sie und Ihre Frau beispielsweise Vermögen, prägen die Zinseinnahmen Ihre ehelichen Lebensverhältnisse. Wohnen Sie in einem Eigenheim, kann ein so genannter Wohnvorteil die ehelichen Lebensverhältnisse beeinflussen.

Wohnvorteil

Unter Wohnvorteil versteht der Jurist den Betrag, um den ein Eigenheimbesitzer günstiger wohnt als der Mieter einer vergleichbaren Immobilie. Dazu wird ein ortsüblicher Mietzins ermittelt, der für das von Ihnen bewohnte Eigenheim gezahlt werden müsste, wenn Sie es anmieten würden. Anschließend wird berechnet, welche Kosten Ihnen durch das Eigenheim entstehen. Dabei werden zum Beispiel die Zins- und Tilgungsleistungen sowie die verbrauchsunabhängigen Nebenkosten berücksichtigt. Also alle Nebenkosten, die nicht nach Verbrauch berechnet werden, wie etwa Grundsteuer und Gebäudeversicherungen.

Ist der so ermittelte Betrag geringer als der zuvor ermittelte hypothetisch zu zahlende Mietzins, stellt diese Differenz den Wohnvorteil dar.

Praxis-Beispiel

So errechnet sich der Wohnvorteil

Die Eheleute Huber bewohnen in Krefeld ein Einfamilienhaus mit 100 Quadratmeter Wohnfläche und einem schönen Garten. Hierfür hätten sie einen Nettomietzins in Höhe von 1.000 Euro zu zahlen. Da sie aber Eigentümer sind, zahlen sie im Monat Zinsen und Tilgung in Höhe von 750 Euro sowie verbrauchsunabhängige Nebenkosten von durchschnittlich 100 Euro pro Monat. Hubers leben somit um etwa 150 Euro günstiger als ein Mieter leben würde. Diese 150 Euro bilden den Wohnvorteil, der bei dem Bedarf nach den ehelichen Lebensverhältnissen angerechnet wird. ◄

Veräußerung der Ehewohnung

Achtung: Leben Sie als Eigenheimbesitzer teurer als wenn Sie Mieter einer vergleichbaren Immobilie wären, vermindert der Betrag, um den die Zins- und Tilgungsleistungen und die verbrauchsunabhängigen Nebenkosten den Nettomietzins übersteigen, den Bedarf nach den ehelichen Lebensverhältnissen! Wird die Ehewohnung in Folge der Trennung veräußert, ersetzen die eventuell aus dem Verkaufserlös erzielten Zinsen den Wohnvorteil und sind bei der Unterhaltsberechnung zu berücksichtigen. Ergab sich bei dem Vergleich allerdings während der Ehezeit ein „Wohnnachteil" und konnte bei dem Hausverkauf kein zinsbringender Erlös erzielt werden, ist dieser Wohnnachteil bei der Ermittlung des Bedarfs zu berücksichtigen.

Bedarfsminderung

Weitere Umstände, die zu einer Minderung des Bedarfs führen, sind im Wesentlichen der Kindesunterhalt, Verbindlichkeiten/Schulden und Beiträge zur Vermögensbildung. Wichtig: Als Kindesunterhalt wird der Bedarfssatz nach der Düsseldorfer Tabelle (s. Seite 44 f.) angesetzt, nicht der um das Kindergeld bereinigte, tatsächlich zu zahlende Betrag.

Praxis-Beispiel

Unterhaltszahlungen für Kinder werden berücksichtigt

Herr Müller hat ein bereinigtes monatliches Nettoeinkommen von 3.000 Euro. Gemäß der Düsseldorfer Tabelle (Stand: 1.7.2003) beläuft sich der Bedarf seiner fünfjährigen Zwillinge Julia und Sabine auf jeweils 319 Euro, insgesamt also 638 Euro. Da Frau Müller das Kindergeld bezieht, kann er 154 Euro vom Gesamtbetrag abziehen, so dass er nur 484 Euro zahlt. Für die Berechnung des Ehegattenunterhalts von Frau Müller kann Herr Müller aber die gesamten 638 Euro von seinem Nettoeinkommen abziehen, so dass für die Bemessung des Bedarfs nach den ehelichen Lebensverhältnissen ein Einkommen von 2.362 Euro maßgeblich ist. ◂

Haben die Ehegatten Schulden, die sie durch monatliche Raten tilgen, mindern diese Beträge in der Regel den Bedarf nach den ehelichen Lebensverhältnissen, da diese Raten den Lebensstandard eingeschränkt haben. Dies gilt insbesondere für Schulden, welche die Eheleute gemeinsam verursacht haben, aber grundsätzlich auch für solche Verbindlichkeiten, die ein Ehegatte allein vor oder während der Ehe eingegangen ist. Hierzu gehören beispielsweise Rückzahlungen auf ein BAföG-Darlehen, die gerade in jungen Akademikerehen oftmals geleistet werden.

Bedarfsermittlung

Neben den Beträgen, die zur Schuldentilgung verwandt wurden, können aber auch Beträge, die zur Vermögensbildung zurückgelegt wurden, bei der Bedarfsermittlung zu berücksichtigen sein. Haben Sie beispielsweise monatlich einen bestimmten Betrag in einen Aktienfond, in eine Kapitallebensversicherung, auf ein Sparbuch oder Ähnliches eingezahlt, haben diese Beträge die Lebensumstände nicht geprägt und sind deshalb bei der Bedarfsermittlung abzuziehen.

Sparsamkeit oder Geiz?

Grenzt Ihre Sparsamkeit allerdings schon an Geiz, das heißt, Sie haben unverhältnismäßig viel zurückgelegt und nur wenig Geld zum Leben übrig behalten, dann werden diese Sparbeträge nur eingeschränkt angerechnet. Grob geschätzt kann man sagen, dass Zahlungen zur Vermögensbildung so lange zu berücksichtigen sind, wie sie zehn Prozent des Nettoeinkommens nicht übersteigen. Bei guten bis sehr guten Einkommensverhältnissen können aber auch höhere Beträge noch angerechnet werden.

To Do

Lassen Sie den Unterhaltsbedarf ganz genau ermitteln!

Wenn Sie derjenige sind, von dem Ehegattenunterhalt verlangt wird, sollten Sie ganz penibel darauf achten, dass bei der Bedarfsermittlung nicht mit zu grobem Maß gemessen wird und beispielsweise einfach nur Ihr durchschnittliches monatliches Nettoeinkommen zugrunde gelegt wird. Hierbei müssen Sie Ihren Anwalt unterstützen - etwa indem Sie die bereits genannte Aufstellung vorbereiten. Jeder Euro, um den dadurch der Bedarf abgesenkt wird, verringert den zu zahlenden Unterhalt um ungefähr 43 Cent. Berücksichtigte Sparbeträge von 100 Euro bedeuten also, dass Sie monatlich etwa 43 Cent weniger Unterhalt zahlen müssen. Das sind im Jahr rund 516 Euro! ◂

Berechnungsmethoden

Früher unterschied die Rechtsprechung zwischen Allein- und Doppelverdienerehen, um den Bedarf nach den ehelichen Lebensverhältnissen zu ermitteln. Diese Unterscheidung hat der BGH mit Urteil vom 13.06.2001 aufgegeben (s. beiliegende CD-ROM). Nunmehr sind die zum Konsum zur Verfügung stehenden Barmittel nur ein Kriterium, nicht aber der alleinige Maßstab für die ehelichen Lebensverhältnisse. Diese werden durch sämtliche Umstände geprägt, die für den Lebenszuschnitt der Ehegatten von Bedeutung waren. Hierzu zählt vor allem die Haushaltsführung und gegebenenfalls die Kinderbetreuung durch einen der Ehegatten.

Praxis-Beispiel

Berechnung bei Haushaltsführung durch einen der Ehegatten

Die Eheleute Roosen sind geschieden. Sie haben zwei 5 und 9 Jahre alte Kinder. Nach Abzug des Kindesunterhalts verbleibt Herrn Rosen ein bereinigtes Nettoeinkommen von 1.750 Euro. Frau Roosen ist nicht berufstätig, sondern betreut wie auch schon während der Ehe die Kinder.

Dem berufstätigen Ehemann verbleibt ein Teil seines Einkommens als Arbeitsanreiz. Die meisten Oberlandesgerichte legen hier ein Siebtel zu Grunde, andere ein Fünftel, manche zehn Prozent. Dementsprechend beläuft sich der Unterhaltsbedarf von Frau Roosen auf 3/7 des verbliebenen Einkommens.

Unterhaltsbedarf: 3/7 von 1.750 Euro = 750 Euro ◂

Als das jüngere Kind der Roosens sein neuntes Lebensjahr vollendet hat, nimmt Frau Roosen wieder eine Berufstätigkeit auf. Nunmehr muss der Unterhalt neu berechnet werden.

Praxis-Beispiel

Berechnung nach Rückkehr in den Beruf

Herr Roosen hat immer noch ein Einkommen von 1.750 Euro nach Abzug des Kindesunterhalts, Frau Roosen erzielt nun netto 700 Euro monatlich. Die Einkommen beider Eheleute sind um das so genannte Anreizsiebtel zu bereinigen. Dann wird das geringere von dem höheren Einkommen abgezogen. Die Hälfte der sich ergebenden Differenz stellt den Unterhaltsanspruch dar.

Einkommen Ehemann (6/7 von 1.750 Euro)	1.500 Euro
Einkommen Ehefrau (6/7 von 700 Euro)	– 600 Euro
Differenz	= 900 Euro
Davon die Hälfte	= 450 Euro

Der Unterhaltsanspruch von Frau Roosen beläuft sich also auf 450 Euro, Herrn Roosen verbleiben 1.300 Euro, Frau Roosen hat 1.150 Euro. ◂

Fiktives Einkommen der Ehefrau

Genauso wie in dem obigen Beispiel wird übrigens gerechnet, wenn Ihre Ehefrau sich wegen der Führung des Haushalts für den neuen Lebenspartner fiktives Einkommen anrechnen lassen muss. Dieser Betrag wird von Ihrem Einkommen abgezogen und die Hälfte der verbleibenden Differenz stellt den restlichen Unterhaltsanspruch der Ehefrau dar.

Experten-Tipp

Anrechnungsmethode bei anderen Einkünften

Ganz abgeschafft ist die Anrechnungsmethode aber nicht. Erzielt Ihre Ehefrau Einkünfte, die nicht als Ersatz für Haushaltsführung oder Kinderbetreuung angesehen werden können, sind diese auf den ermittelten Unterhaltsanspruch anzurechnen. Als solche Einkünfte kommen insbesondere Zinseinkünfte aufgrund einer Zugewinnausgleichszahlung in Betracht, die Ihre Ehefrau von Ihnen bei Ende der Ehe erhalten hat.

Gleiches gilt für Mieteinnahmen Ihrer Ehefrau aus einem Haus, das sie erst nach der Scheidung geerbt hat. Erzielt Frau Roosen aus dem obigen Beispiel Mieteinnahmen in Höhe von 300 Euro monatlich, sind diese auf den ermittelten Unterhaltsbedarf von 450 Euro anzurechnen, so dass der Unterhaltsanspruch sich auf 150 Euro reduziert. ◂

Konkrete Bedarfsberechnung

Eheliche Lebensverhältnisse

Haben Sie und Ihre Frau während der Ehe außergewöhnlich hohe Einkünfte gehabt, wird der Bedarf nach den ehelichen Lebensverhältnissen nicht anhand der dargestellten Berechnungsmethoden bemessen. Die Grenze zwischen normalen und außergewöhnlich hohen Einkünften zieht die Rechtsprechung derzeit wohl bei dem höchsten in der Düsseldorfer Tabelle ausgewiesenen Einkommen, also bei 4.800 Euro netto monatlich. Haben Sie während der Ehe höhere Einkünfte zur Verfügung gehabt, ist der Bedarf nach den ehelichen Lebensverhältnissen konkret vorzutragen.

Derjenige, der Unterhalt verlangt, muss darlegen und gegebenenfalls auch beweisen, wie viel Geld er im Schnitt monatlich für private Bedürfnisse wie Essen, Trinken, Wohnung, Kultur, Sport und Urlaub benötigt. Ein Amtsgericht in München beispielsweise entschied, dass ein Unterhalt von 7.500 Euro pro Monat durchaus als angemessen gelten kann.

So bereiten Sie die Berechnungen für Ihren Anwalt vor

Fertigen Sie eine Aufstellung aller Zahlungen an, die Sie regelmäßig zu erbringen haben, und legen Sie diese Aufstellung Ihrem Anwalt vor. Er wird Ihnen dann genau sagen, welche Zahlungen berücksichtigt werden können.

- Wohnkosten inklusive Nebenkosten,

durchschnittliche monatliche Ausgaben für

- Lebensmittel,
- Bekleidung,
- Pkw/Autoversicherung/Steuern,
- öffentlichen Personennahverkehr,
- Urlaubsreisen,
- Friseur und Kosmetik/Parfüm etc.,
- Reinigung/Reparaturen etc.,
- kulturelle Zwecke (Theater, Konzert, Kino, Bücher etc.),
- Gesundheitsvorsorge (Zuzahlungen bei Medikamenten sowie ärztlichen Behandlungen, Fitnessklub, Sportverein) und
- weitere regelmäßig anfallende Kosten (zum Beispiel für Zeitschriften oder absehbare Neuanschaffungen von Haushaltsgeräten).

Bedürftigkeit des Unterhaltsberechtigten

Wurde der Bedarf nach den ehelichen Lebensverhältnissen festgestellt, wird geprüft, inwieweit der Unterhaltsberechtigte denn überhaupt bedürftig ist.

Zinseinnahmen

Verkauf des Familienheims

Hat Ihre Ehefrau beispielsweise Vermögen, aus dem sie Zinsen bezieht, vermindern diese Zinseinnahmen ihre Bedürftigkeit. Es kommt häufiger vor, dass das Familienheim, welches im gemeinsamen Eigentum der Eheleute stand, mit der Trennung verkauft wird. Ergibt sich dabei ein Überschuss, ist Ihre Frau verpflichtet, diesen Betrag vernünftig anzulegen, so dass sie daraus Zinsen bezieht. Diese ersetzen den während intakter Ehe eventuell bestehenden Wohnvorteil. Sie erhöhen somit bei beiden Eheleuten den Bedarf nach den ehelichen Lebensverhältnissen. Auch falls Sie im Rahmen des Zugewinnausgleichsverfahrens Ihrer Frau einen größeren Betrag zahlen müssen, ist sie verpflichtet, dieses Geld vernünftig anzulegen. Diese Einnahmen werden bei der Bedarfsermittlung allerdings nicht berücksichtigt, sondern nur auf den ermittelten Bedarf angerechnet.

Praxis-Beispiel

Wie wirken sich Zinseinnahmen auf den Unterhaltsanspruch aus?

Frau Zens hat im Rahmen des Zugewinnausgleichs von ihrem Ehemann 75.000 Euro erhalten. Das Geld hat sie auf einem Sparbuch mit einem Zinssatz von zwei Prozent angelegt. Sie erhält jährlich Zinsen in Höhe von 1.500 Euro, also monatlich 125 Euro, die sie sich auf ihren Unterhaltsanspruch anrechnen lassen will. Hier wird ein Gericht Frau Zens jedoch sagen, dass diese Anlageform nicht den Erfordernissen einer ordnungsgemäßen Vermögensverwaltung entspricht, da sie, ohne ihr Vermögen zu gefährden, durch eine Anlage in langfristige Sparbriefe fünf Prozent Zinsen erzielen könnte. Dies würde Zinseinnahmen in Höhe von 3.750 Euro pro Jahr bedeuten, auf den Monat umgerechnet somit 312,50 Euro. Frau Zens wird sich deshalb diesen Betrag anrechnen lassen müssen, auch wenn sie weiterhin nur Zinsen in Höhe von 125 Euro erhält. ◂

Fiktives Einkommen

Nicht erzieltes Einkommen

Möglicherweise kann Ihrer Ehefrau auch ein fiktives Einkommen angerechnet werden. Darunter versteht man ein Einkommen, das bei der Unterhaltsberechnung berücksichtigt wird, obwohl es gar nicht erzielt wird. Voraussetzung dafür ist immer, dass Ihre Frau Gelegenheit hätte, erwerbstätig zu sein, sie aber ohne triftige Gründe nicht oder nur unzureichend nutzt.

Neuer Partner

Eine Rolle spielt das fiktive Einkommen auch, wenn Ihre Exfrau mit einem neuen Partner zusammenzieht oder zusammenlebt. Zwar geht die Rechtsprechung in solchen Fällen erst nach längerem Zusammenleben der neuen Partner von einer sozio-ökonomischen Lebens- und Wirtschaftsgemeinschaft (s. Seite 78) aus, die dann einen Unterhaltsanspruchs völlig ausschließen würde. Dieses Zusammenleben kann sich jedoch bereits vorher finanziell zu Ihren Gunsten auswirken. Wenn Sie nämlich nachweisen können, dass Ihre Exfrau dem neuen Lebenspartner den Haushalt führt oder Verrichtungen wie Bügeln, Kochen, Einkaufen oder Waschen für ihn vornimmt, dann muss sie sich einen Betrag zwischen 125 und 500 Euro monatlich als fiktives Einkommen anrechnen lassen. Das Gericht bezieht bei der Ermittlung dieses Betrags sowohl den Umfang der Tätigkeiten Ihrer Exfrau als auch das Einkommen des neuen Lebenspartners ein. Gemäß der neuen Rechtsprechung ist dieses fiktive Einkommen aber auch bei der Bedarfsermittlung zu berücksichtigen, so dass die Verringerung der Unterhaltslast bei weitem nicht so deutlich ausfällt wie früher.

Experten-Tipp

Unterhaltsanspruch trotz eines neuen Lebenspartners?

Teilweise setzen die Gerichte bei der Anrechnung des fiktiven Einkommens noch nicht einmal ein Zusammenleben der Exfrau mit dem neuen Partner voraus. Es reicht in manchen Fällen, wenn der neue Partner regelmäßig bei der Exfrau übernachtet (oder umgekehrt) und die neuen Partner sich gegenseitig bei der Haushaltsführung unterstützen.

Leistungsfähigkeit des Unterhaltsverpflichteten

Mindestsatz

Letztlich muss der Unterhaltsverpflichtete leistungsfähig sein, also zahlen können. In der Praxis gilt der Unterhaltsverpflichtete als leistungsfähig, so lange ihm – wenn er berufstätig ist – monatlich 840 Euro (West) bzw. 775 Euro (Ost), wenn er nicht berufstätig ist, monatlich 730 Euro (West) bzw. 675 Euro (Ost) verbleiben. Werden diese Sätze unterschritten, ist der Unterhaltsanspruch des Berechtigten entsprechend zu kürzen, damit dem Verpflichteten wenigstens dieser Mindestsatz bleibt, da er andernfalls Gefahr laufen würde, selbst Sozialhilfe zu benötigen.

Ermittlung der Leistungsfähigkeit

Für die Ermittlung Ihrer Leistungsfähigkeit werden aber nicht nur tatsächlich erzielte Einkünfte herangezogen. Kommen Sie als Unterhaltsverpflichteter Ihrer Verpflichtung zur Erwerbstätigkeit nicht oder nicht in ausreichendem Maße nach, sind Sie beispielsweise nur halbtags tätig, obwohl Sie Vollzeit arbeiten könnten, dann wird auch Ihnen ein fiktives Einkommen zugerechnet, anhand dessen dann Ihre Leistungsfähigkeit beurteilt wird. So wird auch derjenige, der eine gut bezahlte Stellung ohne triftigen Grund aufgibt, wenn er anschließend arbeitslos ist, so behandelt, als würde er noch das Einkommen aus seiner Erwerbstätigkeit beziehen.

Geringeres Einkommen

Wenn Sie sich beruflich verändern wollen, ändert das ebenfalls nichts daran, dass Sie dann für Ihre Leistungsfähigkeit so lange vorsorgen müssen, wie Sie ein geringeres Einkommen aufgrund Ihrer beruflichen Veränderung erwarten. Wer sich also zum Beispiel selbstständig machen will, muss vorher Rücklagen bilden, damit er davon gegebenenfalls den Unterhalt zahlen kann, wenn die selbstständige Tätigkeit anfangs keinen ausreichenden Gewinn abwirft.

Sprechen Sie berufliche Veränderungen mit Ihrem Anwalt ab!

Wenn Sie zu Unterhaltszahlungen verpflichtet sind und sich beruflich verändern möchten, klären Sie das unbedingt vorher mit Ihrem Anwalt ab. Gegebenenfalls sollte versucht werden, mit den Unterhaltsberechtigten eine Übergangslösung zu erreichen, insbesondere dann, wenn zu erwarten ist, dass Sie nach einer Phase niedrigeren Einkommens ein höheres Einkommen erzielen werden.

Gibt es außer dem normalen Ehegattenunterhalt noch weitere Unterhaltsansprüche?

In diesem Kapitel war bisher die Rede von dem Unterhalt, der üblicherweise an den Unterhaltsberechtigten zu zahlen ist und auch als Elementarunterhalt bezeichnet wird. Setzen wir jetzt wieder voraus, dass Sie Unterhalt an Ihre Frau zahlen müssen: Grundsätzlich kann Ihre Frau neben dem Elementarunterhalt noch den so genannten Krankheitsvorsorgeunterhalt und den Altersvorsorgeunterhalt geltend machen. In § 1578 Abs. 2 BGB ist geregelt, dass zum Lebensbedarf ebenfalls die Kosten einer angemessenen Versicherung für den Fall der Krankheit gehören. In § 1578 Abs. 3 BGB ist bestimmt, dass in der Regel außerdem anfallende Kosten für eine angemessene Versicherung für den Fall des Alters sowie der Berufs- oder Erwerbsunfähigkeit zum Lebensbedarf gehören.

Muss ich meiner Frau Krankheitsvorsorgeunterhalt zahlen?

Nach § 1578 Abs. 2 BGB ist der Berechtigte verpflichtet, die kostengünstigste den ehelichen Lebensverhältnissen entsprechende Versicherungsmöglichkeit zu wählen. Das heißt beispielsweise, dass Ihre Ehefrau, wenn sie bisher bei Ihnen in der gesetzlichen Krankenversicherung mitversichert gewesen ist, sich nicht nach der Ehescheidung privat krankenversichern darf.

To Do

Klären Sie alle Fragen zur Krankenversicherung rechtzeitig!

Weisen Sie Ihre Ehefrau doch darauf hin, dass sie binnen einer Ausschlussfrist von drei Monaten nach Rechtskraft des Scheidungsantrags die Möglichkeit hat, Ihrer gesetzlichen Krankenkasse – beitragspflichtig – beizutreten, wenn sie nicht selbst sozialversicherungspflichtig berufstätig ist. Falls Ihre Ehefrau diese Frist versäumt, wird sie sich privat versichern müssen. Falls das höhere Kosten bedeutet, müssen Sie diese allerdings nicht tragen.

Waren Sie und Ihre Ehefrau während der Ehe in einer privaten Krankenversicherung versichert, etwa weil Sie als Beamter tätig sind, kann Ihre geschiedene Ehefrau einen adäquaten Versicherungsschutz auch nach der Scheidung beanspruchen. Sie werden also nicht umhinkommen, Ihrer Frau die Kosten einer privaten Krankenversicherung zu erstatten.

Angemessener Selbstbehalt

Macht Ihre Frau zusätzlich zum Elementarunterhalt den Krankheitsvorsorgeunterhalt geltend, sollten Sie zuerst prüfen, ob Ihnen dann noch der angemessene Selbstbehalt gemäß der Düsseldorfer Tabelle verbleibt. In den meisten Fällen ist der Unterhaltspflichtige nämlich nicht hinreichend leistungsfähig und kann deshalb nicht verpflichtet werden, den Krankheitsvorsorgeunterhalt zu bezahlen. Sollte dies bei Ihnen allerdings anders sein, können Sie wenigstens die Kosten der Krankenversicherung für Ihre Ehefrau von Ihrem bereinigten Nettoeinkommen abziehen, bevor der Unterhaltsanspruch Ihrer Frau ermittelt wird.

Praxis-Beispiel

Kosten für Krankheitsvorsorge beim normalen Unterhalt

Nach der Zahlung des Kindesunterhalts verbleibt Herrn Reiter ein Nettoeinkommen von 2.800 Euro. Frau Reiter hat sich nach der Scheidung berechtigterweise privat krankenversichert. Ihre monatlichen Aufwendungen hierfür belaufen sich auf 350 Euro. Vor der Berechnung des Unterhaltsanspruchs von Frau Reiter werden die 350 Euro vom Nettoeinkommen von Herrn Reiter abgezogen, so dass für die Berechnung ein Betrag von 2.450 Euro verbleibt. Hiervon hat Herr Reiter an Frau Reiter 3/7 als Elementarunterhalt, mithin 1.050 Euro zu zahlen, zusätzlich den Krankheitsvorsorgeunterhalt von 350 Euro und somit einen Gesamtunterhalt von 1.400 Euro. Für ihn selbst bleiben ebenfalls 1.400 Euro, damit liegt er über dem Bedarfskontrollbetrag in der Düsseldorfer Tabelle für die neunte Gehaltsgruppe, der bei 1.300 Euro liegt. ◂

Muss ich auch Altersvorsorgeunterhalt zahlen?

Altersvorsorgeunterhalt

Bei besonders guten Einkommensverhältnissen kann Ihre Frau neben dem Elementarunterhalt und dem Krankheitsvorsorgeunterhalt auch Altersvorsorgeunterhalt von Ihnen verlangen. Möglich ist dies bereits ab der Rechtshängigkeit des Scheidungsantrags, da dann die Ehegatten nicht mehr an den Rentenanwartschaften des anderen Ehegatten teilhaben.

Experten-Tipp

Kein Anspruch auf Altersvorsorgeunterhalt bei Arbeitslosigkeit

Bezieht Ihre Ehefrau Arbeitslosengeld oder Arbeitslosenhilfe, dann hat sie keinen Anspruch auf Altersvorsorgeunterhalt, da beide Fälle in der gesetzlichen Rentenversicherung als Ausfallzeiten gewertet werden, so dass keine Lücken in der Altersvorsorge entstehen. ◂

Der Altersvorsorgeunterhalt steht hinter dem Elementarunterhalt zurück. Wenn Sie also aufgrund eines niedrigen Einkommens schon nicht in der Lage sind, den Elementarunterhalt vollständig zu leisten, können Sie nicht verurteilt werden, zusätzlich noch Altersvorsorgeunterhalt zu zahlen.

Zweckgebundene Zahlungen

Die Zahlungen für den Altersvorsorgeunterhalt sind außerdem zweckgebunden. Ihre Frau muss gegebenenfalls nachweisen, dass sie die Beträge in die gesetzliche Rentenversicherung einzahlt oder für eine private Kapitallebensversicherung beziehungsweise Rentenversicherung verwendet. Sie darf dieses Geld nicht als Zins- und Tilgungsleistungen für das von ihr bewohnte Eigenheim verwenden.

Experten-Tipp

Zweckwidrige Verwendung der Altersvorsorgeunterhaltsbeträge

Wenn Sie feststellen, dass Ihre Ehefrau die von Ihnen gezahlten Altersvorsorgeunterhaltsbeträge zweckwidrig verwendet, kann dies ein Grund dafür sein, den Altersvorsorgeunterhaltsanspruch gemäß § 1579 Ziff. 3 BGB auszuschließen. Sie können auch mithilfe einer Abänderungsklage erwirken, dass Sie die Vorsorgeunterhaltsbeträge unmittelbar an den Versorgungsträger, sprich die gesetzliche Rentenversicherung, zahlen dürfen.

Der Altersvorsorgeunterhalt wird ähnlich berechnet wie der Krankheitsvorsorgeunterhalt, allerdings verwendet man dazu die so genannte Bremer Tabelle. Diese wird hier jedoch nicht abgedruckt, da bei der Berechnung so viele Punkte berücksichtigt werden müssen, dass Sie sich am besten von Ihrem Anwalt beraten lassen, wenn solche Ansprüche angemeldet werden.

Kann ich die Unterhaltszahlungen an meine Ehefrau steuerlich absetzen?

Realsplitting

Gemäß § 10 Abs. 1 Ziff. 1 Einkommensteuergesetz (EStG) sind Unterhaltszahlungen bis zu einem Betrag von 13.805 Euro steuerlich absetzbar. Allgemein bekannt ist diese Möglichkeit unter dem Begriff Realsplitting. Der Unterhaltspflichtige kann sich den entsprechenden Betrag als Freibetrag auf seiner Lohnsteuerkarte eintragen lassen, so dass er von vornherein weniger Steuern zu zahlen hat, was sein Nettoeinkommen erhöht. Er kann aber auch erst bei der Abgabe seiner Einkommensteuererklärung die gezahlten Unterhaltsbeträge geltend machen, was zu einer Steuererstattung führt.
Wenn Sie als Unterhaltspflichtiger die von Ihnen gezahlten Unterhaltsleistungen steuerlich absetzen, muss allerdings Ihre Frau diese Zahlungen ver-

steuern. Aufgrund der Progression in den Einkommensteuertarifen verringert sich insgesamt betrachtet dennoch die Steuerbelastung für beide.

Hier lohnt sich das Realsplitting!

Wenn Sie selbst ein mittleres Einkommen – also etwa 30.000 Euro brutto – haben und Ihre Frau nichts oder nur wenig verdient, können Sie bis zu 5.000 Euro Steuern sparen, während Ihre Frau Steuern von maximal 800 Euro zu zahlen hat. Sie sehen also, dass sich die Absetzung der Unterhaltszahlungen von den Steuern durchaus lohnen kann – und zwar für beide Seiten!

Da dieses Realsplitting für Ihre Frau als die Unterhaltsberechtigte aber auch mehrere Nachteile haben kann, muss sie ihre Zustimmung dem Finanzamt gegenüber ausdrücklich erklären. Andererseits profitiert Ihre Frau natürlich von Ihrer Steuerersparnis, da sie infolge Ihres erhöhten Nettoeinkommens entsprechend mehr Unterhalt bekommt.

Anlage U

Die Zustimmung zum Realsplitting ist auf dem amtlichen Vordruck Anlage U zu erteilen. Sie als Unterhaltspflichtiger erklären damit, dass es sich bei den Unterhaltszahlungen ausschließlich um Unterhalt für Ihre Ehefrau beziehungsweise geschiedene Ehefrau handelt. Ihre Frau erklärt mit ihrer Unterschrift, dass sie dem Antrag zustimmt und diese Zustimmung so lange wirksam ist, bis sie widerrufen wird. Der Widerruf muss vor Beginn des Kalenderjahres, für das die Zustimmung erstmals nicht gelten soll, gegenüber dem Finanzamt schriftlich erklärt werden. Zudem bestätigt ihre Frau mit der Unterschrift, dass ihr bekannt ist, dass sie die Unterhaltszahlungen nunmehr versteuern muss. Dementsprechend muss sie für die Jahre, in denen sie Unterhalt bezieht, eine Einkommensteuererklärung abgeben. Die Zustimmung zur Anlage U kann Ihre Frau davon abhängig machen, dass Sie sie von allen Nachteilen, die ihr daraus erwachsen, freistellen.

Erwägen Sie ein Realsplitting sorgfältig!

Beachten Sie, dass sich die Nachteile des Realsplittings nicht auf den steuerlichen Bereich beschränken müssen. Wird Ihre Frau mit ihrem Einkommen – einschließlich der Unterhaltszahlungen – sozialversicherungspflichtig, müssen Sie auch diese höheren Belastungen ausgleichen. Zudem kann es passieren, dass einkommensabhängige Sozialleistungen nun nicht mehr gewährt werden. Dies gilt häufig für das von Unterhaltsberechtigten bezogene Wohngeld, gegebenenfalls auch für Arbeitslosen- oder Sozialhilfe. Lassen Sie sich also von Ihrem Anwalt oder Steuerberater umfassend informieren, welche Konsequenzen die steuerliche Absetzbarkeit der Unterhaltszahlungen für Sie hat.

Insbesondere die Kombination von sozialversicherungsfreier Tätigkeit der Unterhaltsberechtigten und geringer Steuerersparnis aufgrund der Anlage U beim Unterhaltsverpflichteten führt häufig dazu, dass die Nachteile, die mit der steuerlichen Absetzbarkeit verbunden sind, die Vorteile überwiegen. ◂

Wenn Sie allerdings festgestellt haben, dass es sich in Ihrem Fall lohnt, die Unterhaltszahlungen steuerlich abzusetzen, sollten Sie die Zustimmung von Ihrer Frau verlangen. Ein Muster für eine entsprechende Erklärung, dass Sie Ihre Frau von allen Nachteilen freistellen, finden Sie auf der CD-ROM.
Gibt Ihre Frau die gewünschte Erklärung nicht ab, bleibt Ihnen nur die Möglichkeit, sie auf Zustimmung vor dem zuständigen Amtsgericht zu verklagen. Auch bei dieser Klage müssen Sie gleichzeitig anbieten, sie von allen Nachteilen, die ihr aus der steuerlichen Absetzbarkeit der Unterhaltszahlungen erwachsen, freizustellen.

Meine Frau lebt mit einem neuen Mann zusammen – muss ich das finanzieren?

Drei Fälle

Ihre Frau hat einen neuen Freund, der sie ab und zu besuchen kommt? Der neue Freund lebt mit Ihrer Frau zusammen oder Ihre Ehefrau will wieder heiraten? All dies können Gründe sein, dass der Unterhaltsanspruch sich vermindert oder ganz wegfällt. Unterschieden werden drei Fallgruppen.

Zusammenleben mit einem neuen Partner

Getrennte Wohnungen

Hierzu zählen sowohl die Fälle, in denen die Ehefrau mit einem neuen Partner zusammengezogen ist, als auch die, in denen beide getrennte Wohnungen haben, sich aber überwiegend in einer der Wohnungen gemeinsam aufhalten. Das Gericht muss hier feststellen, ob Ihre Frau für den neuen Lebenspartner Verrichtungen wie Bügeln, Waschen, Kochen, Einkaufen etc. vornimmt, die für den neuen Partner eine geldwerte Leistung darstellen. Ist das der Fall, dann wird das Gericht Ihrer Ehefrau einen bestimmten Betrag als fiktives Einkommen zurechnen, was bedeutet, dass Sie weniger Unterhalt zahlen müssen. Die Höhe dieses Betrags richtet sich zum einen nach dem Umfang der Verrichtungen, zum anderen nach den Einkommensverhältnissen des neuen Lebenspartners Ihrer Exfrau. Erfahrungsgemäß setzen die Gerichte hier Beträge zwischen 125 und 500 Euro fest.

Sozio-ökonomische Lebens- und Wirtschaftsgemeinschaft

Auftrag für einen Detektiv

Leben Ihre Exfrau und der neue Partner seit zwei bis drei Jahren zusammen, kann die Unterhaltsverpflichtung für Sie wegfallen. Das gilt, wenn die neue Lebensgemeinschaft sich einem unbefangenen Betrachter wie eine Ehe darstellt. Dies ist insbesondere dann der Fall, wenn Ihre Exfrau mit dem neuen Partner in einer Wohnung lebt und sie alles gemeinsam erledigen und unternehmen. Allerdings müssen Sie nachweisen, dass eine solche Gemeinschaft besteht. Wenn Ihre Exfrau dies nicht zugibt, bleibt oftmals nichts anderes übrig, als Detektive zu beauftragen. Tun Sie dies jedoch niemals auf eigene Faust, beraten Sie sich immer mit Ihrem Anwalt. Die meisten im Familienrecht tätigen Anwälte arbeiten mit Detektiven zusammen, die erfahren sind und wissen, worauf es bei solchen Ermittlungen ankommt.

Neuverheiratung

Ihre Unterhaltsverpflichtung entfällt

Wenn Ihre Exfrau wieder heiratet, sollten Sie zur Feier des Tags ebenfalls eine Flasche Sekt öffnen. Denn nun entfällt Ihre Unterhaltsverpflichtung gegenüber Ihrer geschiedenen Ehefrau – Unterhalt für Ihre Kinder müssen Sie selbstverständlich weiterhin zahlen! Nur in ganz wenigen Ausnahmefällen könnten Sie noch einmal in die Lage kommen, Unterhalt an Ihre Exfrau zahlen zu müssen: dann nämlich, wenn sie schnell wieder geschieden wird und noch gemeinsame Kinder zu betreuen hat.

Muss ich mein Leben lang Unterhalt zahlen?

Grundsätzlich geht der Gesetzgeber davon aus, dass sich jeder der betroffenen Ehegatten nach der Scheidung selbst um seinen eigenen Lebensunterhalt kümmern muss. Der Unterhaltsanspruch des wirtschaftlich schwächeren Ehegatten gegen den wirtschaftlich stärkeren soll deshalb keine dauerhafte Lebensstandardgarantie darstellen. Entsprechend sieht das Unterhaltsrecht an mehreren Stellen zeitliche Grenzen für Unterhaltsansprüche vor.

Praxis-Beispiel

Die Ehe war von kurzer Dauer

Die Eheleute Müller haben im September des Jahres 1997 die Ehe beschlossen. Beide sind während der Ehezeit berufstätig geblieben, Kinder wurden in dieser Ehe keine geboren. Im März 1999 trennen sich die beiden Müllers voneinander. Der Scheidungsantrag von Herrn Müller wird seiner Frau Mitte März 2000 zugestellt. ◂

Gemäß § 1579 Ziff. 1 BGB ist ein Unterhaltsanspruch zu versagen, herabzusetzen oder zeitlich zu begrenzen, wenn die Ehe von kurzer Dauer war und die Belange gemeinschaftlicher Kinder dem nicht entgegenstehen. Die Ehedauer berechnet sich von der Eheschließung bis zur Zustellung des Scheidungsantrages durch das Gericht an den anderen Ehegatten. Zeiten, in denen eine frühere Ehe zwischen den Parteien oder ein länger dauerndes voreheliches Zusammenleben bestand, werden bei Bestimmung der Ehedauer nicht berücksichtigt.

Experten-Tipp

Was bedeutet „Ehe von kurzer Dauer"?

Vielleicht fragen Sie sich jetzt, was vor dem Gesetz als eine „Ehe von kurzer Dauer" gi t. Die Grenze zwischen einer kurzen und einer nicht mehr kurzen Ehe verläuft etwa bei einer Ehedauer von drei Jahren. Kurz ist eine Ehe insbesondere dann, wenn sie nur wenige Monate bis zu zweieinhalb Jahren bestanden hat. Ab diesem Zeitraum wird es kritisch. ◂

Wenn die Ehe bereits zweieinhalb Jahre gedauert hat, müssen weitere Umstände hinzukommen, damit sie noch als kurz gelten kann. Ein besonders wichtiges Kriterium ist hierbei, inwieweit die Ehepartner ihre Lebensführung in der Ehe bereits aufeinander eingestellt hatten. Es wird also zur Sprache kommen, ob einer der Ehegatten nicht nur seine Wohnung, sondern wegen der Heirat auch seine Arbeitsstelle aufgegeben hat, weil dies dem gemeinsamen Lebensplan so entsprach.

Hat eine Ehe länger als drei Jahre gedauert, muss schon eine ganz besondere Situation vorliegen, dass sie trotzdem als kurz angesehen werden kann. Rechtsprechungsbeispiele hierfür gibt es nur wenige. Das OLG Hamburg hat einmal Anfang der achtziger Jahre entschieden, dass eine dreieinhalbjährige Ehe noch als kurz gelten kann. Die Besonderheit war, dass die Eheleute in dieser Zeit nur zehn Monate zusammengelebt hatten.
Im Beispiel der Eheleute Müller ist davon auszugehen, dass Unterhaltsansprüche im Hinblick auf die Regelung des § 1579 Ziff. 1 BGB versagt werden, da die Ehe nur zweieinhalb Jahre gedauert hat und Herr und Frau Müller ihre Lebensführung nicht so weit aufeinander eingestellt hatten, dass einer vom anderen finanziell abhängig geworden wäre. Eine andere Situation zeigt sich im Beispielsfall der Eheleute Schulz:

Praxis-Beispiel

Kurze Ehe – aber ein gemeinsames Kind

Die Eheleute Schulz haben im September 1997 geheiratet. Im September 1998 wurde das gemeinsame Kind Julian geboren. Frau Schulz gab ihren Job auf und widmete sich der Kindererziehung. Sie lernte einen anderen Mann kennen und lieben. Im Januar 1999 trennte Sie sich von ihrem Ehemann. Der Scheidungsantrag wurde Herrn Schulz im Januar 2000 zugestellt. ◂

In diesem Fallbeispiel wird Herr Schulz eine Unterhaltsforderung seiner Frau nicht mithilfe von § 1579 Ziff. 1 BGB abwenden können. Zwar hat die Ehe weniger als zweieinhalb Jahre gedauert, aber gemäß des zweiten Halbsatzes des § 1579 Ziff. 1 BGB steht der Ehedauer die Zeit gleich, in welcher der Berechtigte wegen der Pflege oder Erziehung eines gemeinschaftlichen Kindes nach § 1570 BGB Unterhalt verlangen konnte. Diese Vorschrift ist hier einschlägig, da Frau Schulz das gemeinsame Kind betreut. Weil die Kinderbetreuungszeiten auf die Ehezeit angerechnet werden, verlängert sich die Ehedauer dadurch über die Grenze von drei Jahren hinaus. Die Dauer der Kinderbetreuungszeiten wird nach objektiven Kriterien bestimmt und die Belange der Kinder werden dabei berücksichtigt.

Betreuungszeit

Sie können daher davon ausgehen, dass die Gerichte prinzipiell eine Betreuungszeit bis zur Vollendung des achten Lebensjahres des Kindes zubilligen werden. Das bedeutet also, dass immer dann, wenn ein Ehepaar gemeinsame Kinder hat, bei Unterhaltsfragen der § 1579 Ziff. 1 BGB nicht angewendet wird.

Wie lange muss ich Aufstockungsunterhalt zahlen?

Praxis-Beispiel

Unbegrenzter Anspruch auf den gewohnten Lebensstandard?

Professor Doktor Brinkmann heiratet im Mai 1987 Oberschwester Gaby. Im Mai 1993 trennen sich die beiden wieder. Der Scheidungsantrag des Professors wird Oberschwester Gaby im Mai 1994 durch das Gericht zugestellt. Beide Ehegatten haben während der Ehe in ihrem jeweiligen Beruf weitergearbeitet, Kinder haben sie nicht.

Im Verlaufe des Scheidungsverfahrens macht Frau Brinkmann „nacheheliche Ehegattenunterhaltsansprüche im Rahmen des Aufstockungsunterhalts" in Höhe von monatlich 2.000 Euro geltend. Nun fragt sich ihr Ehemann, ob er diesen Betrag sein Leben lang zahlen muss. ◂

Sonderregelung

Speziell für die Unterhaltsansprüche, die sich auf § 1573 BGB (Aufstockungsunterhalt beziehungsweise Unterhalt wegen Erwerbslosigkeit) berufen, hat der Gesetzgeber in § 1573 Abs. 5 BGB eine Sonderregelung zur zeitlichen Begrenzung getroffen. Die Unterhaltsansprüche nach den Absätzen 1 bis 4 des § 1573 BGB können zeitlich begrenzt werden, soweit insbesondere unter Berücksichtigung der Dauer der Ehe sowie der Gestaltung von Haushaltsführung und Erwerbstätigkeit ein zeitlich unbegrenzter Unterhaltsanspruch unbillig wäre. Dies gilt in der Regel nicht, wenn der Unterhaltsberechtigte nicht nur vorübergehend ein gemeinschaftliches Kind allein oder überwiegend betreut hat oder betreut. Auch dieser Paragraph berücksichtigt, dass der Unterhaltsanspruch keine Lebensstandardgarantie sein soll. Er ermöglicht die zeitliche Begrenzung des Unterhalts, wenn ein zeitlich unbegrenzter Unterhaltsanspruch unbillig wäre. In welchem Fall würde nun eine solche Unbilligkeit vorliegen? Um diese Frage zu klären, wird ein weiterer juristischer Fachbegriff nötig, nämlich der des ehebedingten Nachteils.

Ehebedingte Nachteile

Unter ehebedingten Nachteilen verstehen die Juristen beispielsweise den Verzicht auf eine eigene berufliche Karriere oder natürlich die Aufgabe des Berufs, um den Haushalt zu führen. Um es konkret auszudrücken: Wenn Ihre Frau als die Unterhaltsberechtigte während der Ehe mit Ihnen keine solchen ehebedingten Nachteile erlitten hat, wird das Gericht einen zeitlich unbegrenzten Unterhaltsanspruch als unbillig betrachten. Dann kann auch bei einer langen Dauer der Ehe der Unterhaltsanspruch zeitlich begrenzt werden. So haben die Gerichte bereits die Entscheidung getroffen, dass selbst nach 16-jähriger Ehedauer ein Unterhaltsanspruch begrenzt werden kann, und zwar in solchen Fällen, in denen keine ehebedingten Nachteile vorliegen. Andererseits kann es aber auch unbillig sein, den Unterhaltsanspruch zu begrenzen, obwohl keine ehebedingten Nachteile vorhanden sind. Wenn Ihre unterhaltsberechtigte Frau beispielsweise Sie oder einen Ihrer Angehörigen über einen langen Zeitraum hinweg aufopfernd gepflegt hat, wäre eine Begrenzung unbillig. Unbillig wäre sie ebenfalls, wenn Ihre Frau bereits ein sehr hohes Alter erreicht hat.

Betreuung der Kinder

Ob allein die Tatsache, dass der Unterhaltsberechtigte die Kinder betreut, ausreicht, um eine zeitliche Begrenzung des Unterhaltsanspruchs auszuschließen, ist eine Frage, die immer der Richter entscheiden muss. In jedem Fall ist die Betreuung der Kinder nicht von vornherein ein Grund, eine zeitliche Begrenzung abzulehnen. Für Professor Brinkmann heißt das: Er kann darauf hoffen, dass der Unterhaltsanspruch seiner Frau zeitlich begrenzt wird, da sie keine ehebedingten Nachteile erlitten hat.

Wegfall des Unterhaltsanspruchs

Wie die zeitliche Begrenzung im Einzelfall konkret aussehen wird, lässt sich in keinster Weise vorhersagen. Die Gerichte bedenken bei ihrer Entscheidung auch, dass der Unterhaltsberechtigte sich auf den Wegfall des Unterhaltsanspruchs einstellen muss. Bei fünfeinhalbjähriger Ehedauer wurde der Unterhaltsanspruch beispielsweise auf zwei Jahre begrenzt, bei neunjähriger Ehedauer auf vier Jahre. Andere Gerichte lassen den Anspruch schrittweise wegfallen: 15 Monate besteht er unbeschränkt, dann hälftig, nach insgesamt vier Jahren entfällt er gänzlich. Bei 13-jähriger Ehe wird der Unterhalt nach zwei Jahren auf die Hälfte herabgesetzt, nach drei Jahren ist er beendet.

Experten-Tipp

Zum Antrag auf zeitliche Begrenzung

Wenn eine zeitliche Begrenzung des Unterhaltsanspruchs gemäß § 1573 Abs. 5 BGB in Betracht kommt, muss dieser Paragraph unbedingt bereits im Verfahren über die Festlegung des Unterhalts geltend gemacht werden. Lassen Sie unter keinen Umständen zu, dass Sie zu Unterhaltszahlungen verurteilt werden, ohne dass das Gericht über eine zeitliche Begrenzung entschieden hätte. Es ist Ihnen nämlich verwehrt, diese nachträglich durchsetzen zu wollen, da Abänderungsklagen immer nur auf veränderte tatsächliche Umstände gestützt werden können. Die Umstände, die für eine Begrenzung des Unterhaltsanspruchs sprechen, können aber niemals erst nach Rechtskraft der Entscheidung über den Unterhaltsanspruch als solchen entstehen. ◂

Weitere Möglichkeiten, den Unterhaltsanspruch zeitlich zu begrenzen

Außer den bereits besprochenen Unterhaltsansprüchen nach § 1573 BGB können auch andere Ansprüche zeitlich begrenzt werden, wenn die Ehe länger als drei Jahre gedauert hat. Die Möglichkeit ist geschaffen in § 1578 Abs. 1 Satz 2 BGB. Die hier festgelegten Voraussetzungen für eine zeitliche Begrenzung sind denen des § 1573 Abs. 5 BGB ähnlich.
Einen wichtigen Unterschied gibt es allerdings: Während § 1573 Abs. 5 BGB zumindest mittelfristig das Erlöschen des Unterhaltsanspruchs insgesamt zur Folge hat – wie Sie den oben aufgeführten Beispielen entnehmen können –, führt § 1578 Abs. 1 Satz 2 BGB zu einer zeitlichen Begrenzung der Bemessung des Unterhaltsanspruchs nach den ehelichen Lebensverhältnissen und setzt nach Ablauf des festzustellenden Zeitraumes den Unterhaltsberechtigten auf einen angemessenen Bedarf herunter. Wenn Sie das jetzt nicht verstanden haben, sollten Sie sich nicht grämen: Das geht auch vielen Anwälten so. Das folgende Beispiel verdeutlicht den Sachverhalt.

Praxis-Beispiel

Bestimmen die ehelichen Lebensverhältnisse die Höhe des Unterhaltsanspruchs?

Chefarzt Doktor Schweizer heiratet im Mai 1995 die Schwesternschülerin Maria, die sich zu diesem Zeitpunkt noch in der Ausbildung befindet. Sie beendet diese sofort, um dem Wunsch ihres Ehemannes nachzukommen, der möchte, dass sie ihm ein behagliches Zuhause bereitet. Im Mai 1999 trennt sich Doktor Schweizer von seiner Ehefrau Maria. Während des Scheidungsverfahrens nimmt Maria ihre Krankenschwesternausbildung wieder auf und stellt gegen ihren Mann Unterhaltsansprüche „wegen Erlangung einer angemessenen Berufsausbildung". ◂

Die bereits erwähnten §§ 1579 Ziff. 1 BGB und 1573 Abs. 5 BGB greifen hier nicht, da die Ehe länger als drei Jahre gedauert hat und weil Frau Schweizer keinen Aufstockungsunterhalt sondern Ausbildungsunterhalt verlangt. Im vorliegenden Fall dürfte aber die Anwendung des § 1578 Abs. 1 Satz 2 BGB zu Gunsten von Doktor Schweizer dazu führen, dass nicht sein tatsächliches Einkommen herangezogen wird, um den Bedarf nach den ehelichen Lebensverhältnissen zu ermitteln. Vielmehr wird das Gericht berücksichtigen, welche Lebensstellung seine Frau dann hätte, wenn sie ihn nicht geheiratet und ihre Ausbildung abgeschlossen hätte.

Keine Lebensstandardgarantie

Das heißt, die Bemessung des Unterhaltsanspruchs nach den ehelichen Lebensverhältnissen wird zeitlich begrenzt. Es liegt klar auf der Hand, dass sich die Unterhaltszahlungen dadurch verringern. Hier kommt ebenfalls das Anliegen des Gesetzgebers zum Ausdruck, verhindern zu wollen, dass der Unterhaltsanspruch als Lebensstandardgarantie missbraucht werden kann.

Experten-Tipp

Fordern Sie eine zeitliche Begrenzung im ersten Unterhaltsprozess!

Auch in einem solchen Fall müssen Sie sämtliche Gründe, die für eine zeitliche Begrenzung der so genannten Bedarfsbemessung nach den ehelichen Lebensverhältnissen sprechen, im ersten Unterhaltsprozess vortragen.

Sie können diese Gründe nicht nachträglich einbringen, da – wie bereits erklärt wurde– Abänderungsklagen immer nur auf solche Umstände gestützt werden können, die sich in Bezug auf die letzte Entscheidung tatsächlich verändert haben.

Muss ich Unterhalt zahlen, wenn das unbillig ist?

Grobe Unbilligkeit

Grundsätzlich ist es gesetzlich festgeschrieben, dass unter bestimmten Umständen ein Unterhaltsanspruch wegen so genannter grober Unbilligkeit herabgesetzt, zeitlich begrenzt oder gar vollständig ausgeschlossen werden kann. Dies geschieht allerdings selten. Hier können nur die wichtigsten Fälle besprochen werden, da gerade bei Fragen der groben Unbilligkeit immer der Anwalt den Einzelfall intensiv prüfen muss.

Praxis-Beispiel

Ihre Exfrau hat die Unterhaltsbedürftigkeit selbst herbeigeführt

Ihre Exfrau flüchtet sich nach der Ehescheidung in den Alkohol. Sie wird abhängig und verliert ihre Arbeitsstelle. Mehrere Angebote zu Entziehungskuren und Therapien lehnt sie ab.

In dieser Situation ist es durchaus denkbar, dass der Unterhaltsanspruch Ihrer geschiedenen Frau herabgesetzt, zeitlich begrenzt oder völlig ausgeschlossen wird. Auch wenn Ihre Exfrau Sie verleumdet oder sich eines schweren Vergehens gegen Sie oder einen Ihrer nahen Angehörigen schuldig gemacht hat, kann dies ihren Unterhaltsanspruch verwirken.

Praxis-Beispiel

Schwerwiegendes Fehlverhalten Ihrer Exfrau

Ihre Exfrau bezichtigt Sie gegenüber Ihrem Arbeitgeber, Firmengelder veruntreut zu haben, obwohl dies nicht stimmt. Oder: Ihre Exfrau überzieht Sie mit unbegründeten Strafanzeigen.

Hat sich Ihre Exfrau des (versuchten) Betrugs schuldig gemacht, kann sich dies ebenfalls auf ihren Anspruch auf Unterhaltszahlungen auswirken.

Praxis-Beispiel

Falsche Aussagen im Unterhaltsprozess

Frau Gier verschweigt im Unterhaltsprozess, dass sie eine neue Arbeitsstelle hat, bei der sie wesentlich mehr als beim alten Arbeitgeber verdient. Oder: Frau Lustig bestreitet im Prozess vehement, mit einem neuen Partner zusammenzuleben. Herrn Lustig gelingt es aber, das Gegenteil zu beweisen.

Ausbruch aus intakter Ehe

Wenn Ihre Exfrau aus einer – wohlbemerkt – intakten Ehe ausgebrochen ist und sich einem anderen Mann zugewandt hat oder über einen längeren Zeitraum ein Verhältnis mit einem anderen Mann hatte, während sie noch mit Ihnen zusammenlebte, verändert dies möglicherweise die Unterhaltszahlungen – allerdings nur, wenn Sie persönlich sich in dieser Hinsicht nichts haben zu Schulden kommen lassen. Wenn Sie selbst eine Geliebte hatten, können Sie Ihrer geschiedenen Frau schlecht vorwerfen, sie habe sich ehewidrig verhalten!
Eines ist jedoch immer zu beachten: Die Unterhaltszahlungen können nur herabgesetzt oder ausgeschlossen werden, wenn dadurch die Belange Ihrer gemeinsamen minderjährigen Kinder nicht gefährdet werden.

To Do

Beraten Sie sich mit Ihrem Anwalt

Wenn Sie aus irgendwelchen Gründen das Gefühl haben, in Ihrem Fall sei es besonders ungerecht, dass Sie Unterhalt an Ihre geschiedene Frau zahlen müssen, berichten Sie Ihrem Anwalt davon. Erzählen Sie lieber etwas zu viel als etwas zu wenig!

Bekommt beim Zugewinnausgleich jeder die Hälfte?

Wenn Sie vor oder nach der Eheschließung keinen Ehevertrag mit Ihrer Frau abgeschlossen haben, dann leben Sie im gesetzlichen Güterstand der Zugewinngemeinschaft. Und obwohl dies auf die überwiegende Anzahl der Ehepaare zutrifft, kennen die wenigsten die daraus resultierenden Konsequenzen. Lassen Sie uns deshalb gleich zu Anfang mit den beiden größten Irrtümern aufräumen: der Mär vom „Alles gehört uns zur Hälfte" und dem Irrglauben „Am Ende wird alles geteilt"!

Zugewinngemeinschaft

Viele Eheleute glauben, das während der Ehezeit angeschaffte Vermögen würde beiden zur Hälfte gehören. Dies kann zwar so sein – muss es aber nicht. Es trifft nur dann zu, wenn beim Erwerb ausdrücklich beide Ehegatten je zur Hälfte Eigentümer geworden sind, wie das im Allgemeinen beim Kauf eines Hauses oder eines Grundstücks geschieht, indem beide Ehegatten im Grundbuch eingetragen werden. Die andere bereits erwähnte weit verbreitete Ansicht, dass beim Scheitern der Ehe das gesamte Vermögen hälftig zu teilen sei, ist ebenfalls falsch. Geteilt wird nur das, was während der Ehe dazugekommen ist. Sinn und Zweck des Zugewinnausgleichs ist es deshalb, zwischen den beiden Ehegatten einen Ausgleich des während der Ehezeit gemeinsam erwirtschafteten Vermögens herbeizuführen.

Je zur Hälfte Eigentümer

Was heißt eigentlich Zugewinn?

Geregelt hat der Gesetzgeber dies ziemlich lapidar in § 1373 BGB: Zugewinn ist der Betrag, um den das Endvermögen eines Ehegatten das Anfangsvermögen übersteigt. Wichtig hierbei: Der Zugewinn stellt nur eine Rechnungsgröße dar, keine gesonderte Vermögensmasse. Diese Rechnungsgröße wird ermittelt, indem das Anfangsvermögen eines Ehegatten von seinem Endvermögen abgezogen wird. Dazu wird die folgende Formel verwendet:

Zugewinn = Endvermögen – Anfangsvermögen.

Experten-Tipp

Der Zugewinn kann niemals negativ sein

Und noch etwas ist zu beachten: Zugewinn kann niemals negativ sein. Wenn das Anfangsvermögen eines Ehegatten das Endvermögen übersteigt, ist der Zugewinn mindestens Null, aber nie negativ. Was nun zum Anfangsvermögen und zum Endvermögen zählt, darüber gibt das BGB reichlich Auskunft.

Anfangsvermögen – was ist das?

Das Gesetz legt in § 1374 Abs. 1 BGB fest: Anfangsvermögen ist das Vermögen, das einem Ehegatten nach Abzug der Verbindlichkeiten beim Eintritt des Güterstands gehört. Die Verbindlichkeiten können nur bis zur Höhe des Vermögens abgezogen werden.

Stichtag zur Berechnung

Fangen wir mit den einfachen Dingen an: dem Stichtag zur Berechnung des Anfangsvermögens. Das Gesetz bestimmt als Stichtag den Eintritt des Güterstandes. Dieser ist in der Regel der Tag der standesamtlichen Trauung, es sei denn, Sie haben erst während der Ehe irgendwann den Güterstand der Zugewinngemeinschaft begründet, beispielsweise weil Sie vorher einen Ehevertrag hatten, den Sie dann aufgehoben haben.

Zum Vermögen zählt alles, was einen geldwerten Vorteil darstellt: primär gehören dazu natürlich Sparguthaben, Anteile an Aktienfonds, alle sonstigen Wertpapiere, Guthaben auf Girokonten, Immobilien, Autos, Lebensversicherungen, Bausparverträge, um nur die üblichsten Vermögensgegenstände zu nennen.

Vermögensgegenstände

Zum Vermögen gehören aber auch Forderungen, die Sie haben, beispielsweise weil Sie einem Freund ein Darlehen gegeben haben, welches er noch zurückzahlen muss, oder Vermögensgegenstände, zum Beispiel wertvolle Antiquitäten, Bilder und andere Kunstwerke. Rechte wie ein Nießbrauchrecht oder ein Wohnrecht gelten ebenfalls als Vermögensgegenstand. Solche Rechte lassen sich kapitalisieren, das bedeutet, man kann für sie einen Geldwert berechnen.

Außerdem spielt beim Zugewinnausgleich eine Rolle, welche Verbindlichkeiten Sie zum Stichtag gehabt haben. Hierzu zählen beispielsweise Kreditverbindlichkeiten und sonstige Schulden, die Sie bei Eintritt des Güterstands hatten.

Denken Sie daran: Rechte zu Gunsten Dritter mindern den Wert des Vermögensgegenstandes!

Experten-Tipp

Achten Sie darauf, dass zu Gunsten Dritter bestehende Rechte wie Nießbrauchs- oder Wohnrechte berücksichtigt werden. Haben Ihre Eltern Ihnen das Hausgrundstück übertragen, sich aber ein lebenslanges Wohnrecht einräumen lassen, so muss der Wert des Wohnrechts ermittelt und von dem Hauswert in Abzug gebracht werden. ◂

Zählt mein Erbe, das ich während der Ehe erhalten habe, auch zum Anfangsvermögen?

Neben den Werten, die bereits bei Eintritt des Güterstands zu Ihrem Vermögen gezählt haben, gibt es bestimmte Vermögenswerte, die dem Anfangsvermögen zugerechnet werden, obwohl Sie diese erst während der Ehe erhalten haben. § 1374 Abs. 2 BGB bestimmt nämlich: Vermögen, das ein Ehegatte nach Eintritt des Güterstands von Todes wegen oder mit Rücksicht auf ein künftiges Erbrecht, durch Schenkung oder als Ausstattung erwirbt, wird nach Abzug der Verbindlichkeiten dem Anfangsvermögen hinzugerechnet, soweit es nicht den Umständen nach zu den Einkünften zu rechnen ist.

Unentgeltliche Zuwendungen

Der Zweck dieser Vorschrift besteht darin, dass der andere Ehegatte nicht an unentgeltlichen Zuwendungen teilhaben soll, die auf persönlichen Beziehungen beruhen. Dem Anfangsvermögen hinzugerechnet wird der Gegenstand mit dem Wert, den er zum Zeitpunkt des Erhalts besitzt. Steigt später der Wert des Gegenstandes, bedeutet diese Wertsteigerung einen Zugewinn.

Eine Wertsteigerung wird beim Endvermögen berücksichtigt

Praxis-Beispiel

Herr Weiß bekommt von seinen Eltern während der Ehe ein Grundstück geschenkt, das 1.000 Quadratmeter groß ist. Es handelt sich zum Zeitpunkt der Schenkung um Ackerland mit einem Quadratmeterpreis von zehn Euro. Später wird die Grundstücksfläche als Bauland ausgewiesen und hat nun einen Wert von 175 Euro pro Quadratmeter. Dementsprechend ist das Grundstück im Anfangsvermögen mit einem Wert in Höhe von 10.000 Euro zu berücksichtigen, im Endvermögen aber mit 175.000 Euro. Die Wertsteigerung wird also dabei eingerechnet. ◂

Von Todes wegen wird Vermögen erworben, das Sie als gesetzlicher oder testamentarischer Erbe, als Vermächtnisnehmer oder als Pflichtteilsberechtigter erhalten. Außerdem fallen hierunter Vermögenswerte, die Sie bekommen, weil Sie auf ein Erbe verzichten. Hierzu gehören aber auch Zahlungen, die Sie aus der Lebensversicherung eines Dritten nach dessen Tod erhalten.

Schenkungen

Was Schenkungen sind, bedarf wohl nicht der näheren Erläuterung. Wichtig ist nur zu wissen, dass echte Schenkungen unter Ehegatten – wie Geburtstags- oder Weihnachtsgeschenke – nicht dem Anfangsvermögen des beschenkten Ehegatten zugerechnet werden. Ausnahmsweise können auch Schenkungen Dritter an einen Ehegatten nicht dem Anfangsvermögen zuzurechnen sein, wenn sie den ganzen Umständen nach zu den Einkünften zu rechnen sind. Hierunter fallen beispielsweise Geldzuwendungen der Eltern eines Ehegatten als Zuschuss zu einer Ferienreise der Eheleute oder zur allgemeinen Haushaltsführung.

Praxis-Beispiel

Zählt meine Schenkung zum Anfangsvermögen?

Die Eltern von Herrn Blauhage überweisen den Eheleuten Blauhage hin und wieder 5.000 Euro auf das gemeinsame Konto, ohne dass ein Verwendungszweck angegeben ist. Die Eheleute Blauhage fahren davon regelmäßig in Urlaub oder gönnen sich besondere Erlebnisse wie Städtereisen und Musicalbesuche. In diesem Fall wird Herr Blauhage nicht mit Erfolg behaupten können, die Zahlungen seien seinem Anfangsvermögen zuzurechnen. ◄

Wird der inflationsbedingte Kaufkraftschwund ausgeglichen?

Indizes für Lebenshaltungskosten

Wenn Sie alle Positionen ermittelt haben, berechnen Sie den Wert des Anfangsvermögens. Dieser fließt dann bei der Berechnung des Zugewinns ein. Vorher wird der Wert allerdings noch um den inflationsbedingten Kaufkraftschwund bereinigt. Dazu bedarf es der Lebenshaltungskostenindizes sowohl zum Stichtag „Beginn des Güterstands“ als auch zum Stichtag „Beendigung des Güterstands“. Die Lebenshaltungskostenindizes finden Sie im Internet, oder Sie erfahren sie durch einen Anruf beim Statistischen Bundesamt in Wiesbaden, Tel.: 06 11/75 24 05.

Berechnet wird nach folgender Formel:

Indexiertes Anfangsvermögen = Wert des Anfangsvermögens x dem Lebenshaltungskostenindex bei Beendigung des Güterstands / den Lebenshaltungskostenindex bei Beginn des Güterstands

So berechnet sich das indexierte Anfangsvermögen

Das Anfangsvermögen von Herrn Kimpel hat bei Beginn des Güterstands im Jahre 1990 einen Wert von umgerechnet 25.000 Euro. Der Güterstand endet im Jahre 1998. Der Index für 1990 beläuft sich auf 96,4 und der Index für 1998 auf 117,6. Daraus ergibt sich folgende Berechnung:

25.000 Euro x 117,6 / 96,4 = 30.497,93 Euro

Das indexierte und bei der Berechnung des Zugewinns zu berücksichtigende Anfangsvermögen von Herrn Kimpel beläuft sich also auf 30.497,93 Euro. ◂

Ermitteln Sie Ihr Anfangsvermögen sorgfältig!

Wenn Sie derjenige sind, der Zugewinnausgleich zu zahlen hat, mindert jeder Euro, den Sie ins Anfangsvermögen einsetzen, den Ausgleichsbetrag um 50 Cent (bei Indexierung möglicherweise auch um mehr). ◂

Muss ich die Höhe meines Anfangsvermögens beweisen?

Im Falle einer Auseinandersetzung über den Zugewinnausgleich ist jeder der beiden Ehegatte für den Wert seines Anfangsvermögens selbst darlegungs- und beweispflichtig.

Sammeln Sie sämtliche Belege!

Sammeln Sie frühzeitig alle Nachweise über Ihr Anfangsvermögen, insbesondere Kontoauszüge für Girokonten und Bausparverträge, Sparbücher, Wertgutachten für Kunstgegenstände oder Immobilien. Wenn Ihre Frau nämlich bestreitet, dass Sie den einen oder anderen Vermögensgegenstand besessen haben oder wenn sie behauptet, der Vermögensgegenstand sei von geringerem Wert, als der von Ihnen angegebene, müssen Sie entsprechende Belege vorlegen können! ◂

Endvermögen – muss ich das teilen?

Dieser Abschnitt informiert Sie darüber, wie sich das Endvermögen berechnet – nach § 1375 Abs. 1 Satz 1 BGB das Vermögen, welches einem Ehegatten nach Abzug der Verbindlichkeiten gehört, wenn der Güterstand endet.

Wann ist der Güterstand beendet?

Tatsächlicher Zeitpunkt

Der Güterstand endet grundsätzlich mit Rechtskraft des Scheidungsurteils. In besonderen Fällen, über die Sie auf den nächsten Seiten mehr erfahren, auch schon früher. Aus Praktikabilitätserwägungen heraus hat der Gesetzgeber aber den tatsächlich heranzuziehenden Zeitpunkt für die Ermittlung des Endvermögens vorverlegt. § 1384 BGB bestimmt: Wird die Ehe geschieden, so tritt für die Berechnung des Zugewinns an die Stelle der Beendigung des Güterstands der Zeitpunkt der Rechtshängigkeit des Scheidungsantrags. Der Scheidungsantrag wird rechtshängig, wenn er der gegnerischen Partei zugestellt wird. Somit ist also für die Berechnung des Endvermögens im Normalfall die Rechtshängigkeit des Scheidungsverfahrens maßgeblich.

Kann meine Frau den Zugewinn ausgleichen lassen, obwohl noch kein Scheidungsverfahren läuft?

Stichtag zur Berechnung

Ausnahmsweise kann der Zeitpunkt der Berechnung des Endvermögens noch weiter vorgezogen werden. Vor allem dann, wenn Sie und Ihre Frau nach der Trennung in einer Trennungs- und Scheidungsfolgenvereinbarung die Zugewinngemeinschaft aufheben und den Güterstand für beendet erklären. Dann ist der Tag der Unterzeichnung, soweit in der Urkunde nichts anderes bestimmt ist, der Stichtag zur Berechnung des Endvermögens.

Vorzeitiger Ausgleich nach dreijährigem Getrenntleben

§ 1385 BGB bestimmt: Leben die Ehegatten seit mindestens drei Jahren getrennt, so kann jeder von ihnen auf vorzeitigen Ausgleich des Zugewinns klagen. Erhebt einer der Ehegatten diese Klage und gewinnt das Verfahren, so ist wegen § 1387 BGB der Berechnungszeitpunkt für das Endvermögen wiederum die Rechtshängigkeit dieser Klage. § 1387 BGB lautet: Wird auf vorzeitigen Ausgleich des Zugewinns erkannt, so tritt für die Berechnung des Zugewinns an die Stelle der Beendigung des Güterstands der Zeitpunkt, in dem die Klage auf vorzeitigen Ausgleich erhoben ist.

Vorzeitiger Ausgleich in besonderen Fällen

Neben der erwähnten Ausnahme sieht der Gesetzgeber in § 1386 BGB einen weiteren Grund vor, den Zugewinnausgleich vorzeitig durchzuführen. Auf diese Weise soll der eine Ehegatte vor einem schädlichen Verhalten des anderen Ehegatten geschützt werden.

In § 1386 Abs. 1 BGB ist folgender Fall geregelt: Ein Ehegatte kann auf vorzeitigen Ausgleich des Zugewinns klagen, wenn der andere Ehegatte längere Zeit hindurch die wirtschaftlichen Verpflichtungen, die sich aus dem ehelichen Verhältnis ergeben, schuldhaft nicht erfüllt hat und anzunehmen ist, dass er sie auch in Zukunft nicht erfüllen wird.

Praxis-Beispiel

Zahlungsverpflichtungen werden nicht erfüllt

Herr Müller hat sich von seiner Frau getrennt. Nach den Berechnungen seines Anwalts muss er seiner Frau monatlich Trennungsunterhalt in Höhe von 750 Euro zahlen. Dies tut er immer nur verspätet und auf nachdrückliche Aufforderung seiner Frau, in manchen Monaten auch überhaupt nicht. Hier könnte Frau Müller überlegen, ob sie eine Klage auf vorzeitigen Ausgleich des Zugewinns einleitet.

Kleines und höheres Vermögen

§ 1386 Abs. 2 BGB erfasst die Fälle, in denen das Verhalten eines der Ehegatten den Ausgleich des Zugewinns gefährdet. Die Voraussetzungen sind beispielsweise erfüllt, wenn der Ehegatte über das Vermögen im Ganzen verfügt. Bei kleinen Vermögen – solchen Vermögen bis zu einem Wert von etwa 55.000 Euro – spricht die Rechtsprechung dann von der Verfügung über das Vermögen im Ganzen, wenn der Ehegatte über 90 Prozent seines Vermögens verfügt, bei höheren Vermögen, wenn der Ehegatte über 95 Prozent seines Vermögens verfügt.

Praxis-Beispiel

Beispielsfälle

Beispiel: Das Vermögen des Ehemannes beträgt insgesamt 50.000 Euro, darin enthalten sind eine Eigentumswohnung im Wert von 47.500 Euro und ein Sparbuch über 2.500 Euro – Der Ehemann verkauft die Eigentumswohnung = Verfügung über das Vermögen im Ganzen

Beispiel: Das Vermögen des Ehemannes beträgt insgesamt 75.000 Euro, darin enthalten sind eine Eigentumswohnung im Wert von 47.500 Euro und ein Sparbuch über 22.500 Euro – Der Ehemann verkauft die Eigentumswohnung = Keine Verfügung über das Vermögen im Ganzen

Praxis-Beispiel

Der Zugewinnausgleich ist gefährdet

Herr Korn ist Eigentümer eines Einfamilienhauses. Weiteres Vermögen besitzt er nicht. Nach der Trennung von seiner Ehefrau verkauft er das Haus. Hier hätte Frau Korn die Möglichkeit, eine Klage auf vorzeitigen Ausgleich des Zugewinns zu erheben.

§ 1386 Abs. 2 BGB greift aber auch, wenn der Ehegatte übermäßige unentgeltliche Zuwendungen an Dritte macht, sein Vermögen verschwendet oder in der Absicht, den anderen Ehegatten zu benachteiligen, sein Vermögen mindert. Eine weitere Voraussetzung ist, dass dadurch die künftige Ausgleichsforderung erheblich gefährdet wird. Letzteres wird von den Gerichten meist dann angenommen, wenn zu erwarten ist, dass diese Vermögensveränderung eine eventuell erforderliche Zwangsvollstreckung erschweren würde.
Die letzte in § 1386 Abs. 3 BGB geregelte Ausnahme betrifft die Fälle, in denen ein Ehegatte sich ohne ausreichenden Grund beharrlich weigert, den anderen Ehegatten über den Bestand seines Vermögens zu unterrichten.
In allen in § 1386 BGB behandelten Fällen wird der Stichtag zur Berechnung des Endvermögens auf den Zeitpunkt vorverlegt, zu dem die Klage auf vorzeitigen Ausgleich des Zugewinns zugestellt wird.

Und wie errechnet sich nun das Endvermögen?

Im Grunde wird das Endvermögen genauso berechnet wie das Anfangsvermögen. Es wird ebenfalls berücksichtigt, welche Verbindlichkeiten welchen

Vermögenswerten gegenüberstehen. Die Einzelheiten hierzu können Sie im Abschnitt „Anfangsvermögen, was ist das" nachlesen (s. Seite 88 f.).

Ausnahmen

Allerdings hat der Gesetzgeber auch in diesem Bereich einige Ausnahmen vorgesehen, in denen nicht mehr vorhandenes Vermögen dem Endvermögen zugerechnet wird. In § 1375 Abs. 2 BGB ist Folgendes festgelegt: Dem Endvermögen eines Ehegatten wird der Betrag hinzugerechnet, um den dieses Vermögen dadurch vermindert ist, dass ein Ehegatte nach Eintritt des Güterstands

Verschwendung von Vermögen

- unentgeltliche Zuwendungen gemacht hat, durch die er nicht einer sittlichen Pflicht oder einer auf den Anstand zu nehmenden Rücksicht entsprochen hat,
- Vermögen verschwendet hat oder
- Handlungen in der Absicht vorgenommen hat, den anderen Ehegatten zu benachteiligen.

Es handelt sich hierbei um eine abschließende Aufzählung, das heißt, es werden lediglich diese drei Gründe anerkannt. Die denkbaren Einzelfälle sind jedoch so vielgestaltig, dass sie an dieser Stelle nicht erschöpfend dargestellt werden können. Einen wesentlichen Komplex in diesem Zusammenhang bilden jedoch die Zuwendungen an den neuen Lebensgefährten oder die neue Lebensgefährtin.

Lassen Sie sich vom Rechtsanwalt beraten

Soweit derartige Zuwendungen der Grund dafür sind, dass sich das Vermögen verringert hat, sind sie mit an Sicherheit grenzender Wahrscheinlichkeit dem Endvermögen hinzuzurechnen. Dies gilt insbesondere für teure Urlaubsreisen, größere Schmuckgeschenke oder gar die Übertragung von Grundstücken oder Firmenbeteiligungen. Lassen Sie sich daher ausführlich von Ihrem Rechtsanwalt beraten, bevor Sie einen solchen Schritt ins Auge fassen!

Verblüffenderweise mindern Schulden, die aus nicht erfüllten Unterhaltsverpflichtungen herrühren, das Endvermögen des Unterhaltsverpflichteten! Und nicht nur das: Das Endvermögen des Unterhaltsberechtigten erhöht sich um den gleichen Betrag. Denken Sie einmal über die Konsequenzen nach, insbesondere in der Konstellation, dass sowohl Sie als auch Ihre Ehefrau Zugewinn erzielt haben! Dann zahlt nämlich der Unterhaltsberechtigte über den verminderten Zugewinnausgleich seinen rückständigen Unterhalt selbst.

Muss ich meiner Frau sagen, was ich an Vermögen besitze?

Hierzu bestimmt § 1379 Abs. 1 Satz 1 BGB: Nach der Beendigung des Güterstands ist jeder Ehegatte verpflichtet, dem anderen Ehegatten über den Bestand seines Endvermögens Auskunft zu erteilen. Die Auskunftserteilung entsteht auch, wenn ein Ehegatte die Scheidung der Ehe beantragt hat (so geregelt in § 1379 Abs. 2 BGB).

Vermögensbestand

Sobald also der Scheidungsantrag rechtshängig ist, kann Ihre Ehefrau von Ihnen Auskunft über den Bestand Ihres Vermögens verlangen – natürlich steht Ihnen der gleiche Anspruch zu. Wichtig ist, dass Sie hierbei – im Gegensatz zur Auskunftsverpflichtung im Unterhaltsrecht – nicht generell dazu verpflichtet sind, Belege vorzulegen. Verlangt werden Belege nur, wenn sie absolut erforderlich sind, um den Wert des Vermögensgegenstands zu ermitteln. Dies ist eigentlich nur dann der Fall, wenn ein Unternehmen Gegenstand des Endvermögens ist. Dann sind die Bilanzen nebst Gewinn- und Verlustrechnungen für die letzten fünf Jahre zu überlassen. Unternehmen, die nicht bilanzieren, müssen die Einnahme-Überschuss-Rechnungen der vergangenen fünf Jahre vorweisen. In allen anderen Fällen muss die Auskunft nur die wertbildenden Faktoren enthalten. Die Vorlage von Belegen kann auch zu Kontrollzwecken nicht verlangt werden.

Praxis-Beispiel

Was gehört zur Auskunftspflicht?

Ist ein Pkw in Ihrem Endvermögen vorhanden, müssen Sie auch über das Baujahr und den Kilometerstand Auskunft geben. Ist ein Grundstück Gegenstand des Auskunftsanspruchs, müssen Sie Angaben zur Lage, Größe sowie der Art und der Bebauung des Grundstücks machen. ◂

Auskunftserteilung und Wertermittlung

Neben der Auskunftspflicht beinhaltet § 1379 Abs. 1 Satz 2 BGB einen Anspruch auf Ermittlung des Werts der Vermögensgegenstände und der Verbindlichkeiten. Es reicht also nicht, in die Auskunft nur aufzunehmen, Sie seien im Besitz eines Pkw der Marke XY, Modell Z, Baujahr 1995, Kilometerstand 55.000. Sie müssen auch angeben, wie viel der Pkw Ihrer Meinung nach wert ist. Die Kosten der Auskunftserteilung und der Wertermittlung fallen grundsätzlich dem Auskunftspflichtigen zur Last. Eine Ausnahme bilden nach der Rechtsprechung des Bundesgerichtshofs die Kosten eines Sachverständigen, der zur Wertermittlung herangezogen werden muss: Diese Kosten sind von dem Auskunftsberechtigten zu tragen!

Praxis-Beispiel

Wer trägt welche Kosten?

In Ihrem Endvermögen befindet sich ein Grundstück, das in Ihrem Alleineigentum steht. Wenn Sie nun zur Auskunftserteilung verpflichtet sind, reicht es aus, Lage, Größe, Art und Bebauung des Grundstücks anzugeben. Der Wert des Grundstücks kann von Ihnen geschätzt werden. Sie sind nicht verpflichtet, auf Ihre Kosten einen Sachverständigen zu beauftragen.

Will Ihre Ehefrau für das Grundstück einen höheren Wert ansetzen, muss sie einen Sachverständigen beauftragen, der das Grundstück dann schätzt. Sie sind nicht verpflichtet, sich an den Kosten zu beteiligen. Sie müssen nur die Begutachtung dulden. ◀

Wie wird der Zugewinn ausgeglichen?

Der Ausgleich des Zugewinns erfolgt nach der Vorschrift des § 1378 Abs. 1 BGB: Übersteigt der Zugewinn des einen Ehegatten den Zugewinn des anderen, so steht die Hälfte des Überschusses dem anderen Ehegatten zu. Die Berechnung ist also relativ einfach:

Ausgleichsforderung = (Zugewinn Ehegatte 1 – Zugewinn Ehegatte 2) / 2

Praxis-Beispiel

So wird der Zugewinn ausgeglichen

Herr Tanner hat während der Ehe einen Zugewinn von 50.000 Euro erzielt, Frau Tanner einen Zugewinn von 20.000 Euro. Zieht man den Zugewinn von Frau Tanner von dem von Herrn Tanner ab, verbleibt ein Überschuss von 30.000 Euro, hiervon erhält Frau Tanner die Hälfte, also 15.000 Euro. ◀

Die Ausgleichsforderung entsteht mit der Beendigung des Güterstands, im Falle der Scheidung also mit der Rechtskraft des Scheidungsurteils. Ab diesem Zeitpunkt muss die Ausgleichsforderung an den anderen Ehegatten ausbezahlt werden.

Experten-Tipp

Zinsen aus dem Zugewinnausgleichsbetrag werden bei den Unterhaltszahlungen berücksichtigt

Wenn Sie Ihrer Ehefrau einen Ausgleich zahlen müssen und Ihre Frau auch noch nacheheliche Unterhaltsansprüche hat, stellt der von Ihnen zu zahlende Zugewinnausgleichsbetrag Vermögen dar. Auch die Zinsen, die Ihre Frau in der Regel aus diesem Vermögen bezieht, sind bei der Unterhaltsforderung zu berücksichtigen!

Wichtig ist bei der Ermittlung der Zugewinnausgleichsforderung ebenfalls der § 1378 Abs. 2 BGB: Die Höhe der Ausgleichsforderung wird durch den Wert des Vermögens begrenzt, das nach Abzug der Verbindlichkeiten bei Beendigung des Güterstands vorhanden ist. Dieser Paragraph wird vor allem dann angewendet, wenn das Endvermögen nach § 1375 Abs. 2 BGB um fiktive Beträge erhöht wurde, also wegen unnötiger Zuwendung, Verschwendung und Ähnlichem. Gerade wenn Ihnen das Gericht solche Beträge zugerechnet haben sollte, achten Sie darauf, dass Ihr Anwalt sich vor Gericht auf den § 1378 Abs. 2 BGB beruft.

Verminderung des Vermögens

Diese Vorschrift greift außerdem, wenn sich zwischen dem Stichtag für die Berechnung des Endvermögens, also dem Tag der Rechtshängigkeit des Scheidungsantrags, und dem Tag der Beendigung des Güterstands, also der Rechtskraft des Scheidungsurteils, das Vermögen des Ausgleichspflichtigen vermindert hat. Da solche Scheidungsverfahren teilweise recht lange dauern können, sollten Sie diese Vorschrift niemals aus den Augen verlieren! Nähere Einzelheiten besprechen Sie bitte mit Ihrem Anwalt.

Meine Frau will kein Geld, sondern das Haus – kann sie das durchsetzen?

Antrag des Gläubigers

Hierzu sagt § 1383 Abs. 1 BGB: Das Familiengericht kann auf Antrag des Gläubigers anordnen, dass der Schuldner bestimmte Gegenstände seines Vermögens dem Gläubiger unter Anrechnung auf die Ausgleichsforderung zu übertragen hat, wenn dies erforderlich ist, um eine grobe Unbilligkeit für den Gläubiger zu vermeiden, und wenn dies dem Schuldner zugemutet werden kann. In der Entscheidung ist der Betrag festzusetzen, der auf die Ausgleichsforderung angerechnet wird.

Vorab eins: Der § 1383 BGB ändert nichts daran, dass die Zugewinnausgleichsforderung prinzipiell eine auf Geldzahlung gerichtete Forderung ist. Nur in ganz besonderen Ausnahmefällen kann der Gläubiger der Ausgleichsforderung eine Übertragung von Gegenständen aus dem Vermögen des Schuldners verlangen. Dabei muss als Erstes mit der Übertragung des Vermögensgegenstands eine grobe Unbilligkeit für den Gläubiger beseitigt beziehungsweise vermieden werden.

Übertragung

Dies könnte beispielsweise der Fall sein, wenn Sie als Schuldner aus irgendwelchen Gründen nicht in der Lage sind, in absehbarer Zeit den Zugewinnausgleich an Ihre Frau zu zahlen. Denkbar wäre hier, dass das bisher als Familienheim genutzte Haus Ihrer Frau übertragen wird, die dort mit den gemeinsamen minderjährigen Kindern wohnen bleiben soll, um einen Umzug zu vermeiden. Dies gilt aber mit Sicherheit nur in Ausnahmefällen. Urteile zu dieser Thematik sind sehr rar. Es kommt allerdings nicht nur darauf an, dass durch die Übertragung eine grobe Unbilligkeit für den Gläubiger vermieden wird, die Übertragung muss dem Schuldner auch zumutbar sein. Dies wird mit Sicherheit dann nicht zutreffend sein, wenn der zu übertragende Gegenstand zum Beispiel alter Familienbesitz des Schuldners ist.

Experten-Tipp

So können Sie den Zugewinnausgleichsbetrag senken

Wenn Sie und Ihre Frau beabsichtigen, eine Scheidungsfolgenvereinbarung zu schließen, sollten Sie die Zugewinnausgleichsforderung zumindest teilweise durch die Übertragung von Vermögensgegenständen ersetzen. Dadurch vermindert sich der Zahlbetrag.

Kann ich den Wert von Geschenken auf die Ausgleichsforderung anrechnen?

Diese Frage beantwortet § 1380 Abs. 1 Satz 1 BGB: Auf die Ausgleichsforderung eines Ehegatten wird angerechnet, was ihm von dem anderen Ehegatten durch Rechtsgeschäft unter Lebenden mit der Bestimmung zugewendet ist, dass es auf die Ausgleichsforderung angerechnet werden soll.

Dieser Paragraph bietet also eine relativ interessante Möglichkeit, die Ausgleichsforderung zu verringern. Zuwendungen im Sinne dieses Paragraphen sind alle, die über den Wert der üblichen Gelegenheitsgeschenke hinausgehen. Davon sind also nur solche Geschenke ausgenommen, die zwischen den Ehegatten nach den ehelichen Lebensverhältnissen üblich waren, also insbesondere Geburtstags- und Weihnachtsgeschenke.

Gesetzliche Vermutung

Die entsprechenden Zuwendungen müssen allerdings mit der Bestimmung verknüpft worden sein, dass sie auf die Ausgleichsforderung angerechnet werden sollen. Da der Gesetzgeber wohl selbst erkannt hat, dass es lebensfremd ist anzunehmen, ein Ehemann würde in einer funktionierenden Ehe seiner Frau das geschenkte Kollier mit der Bemerkung „Der Wert ist auf die Ausgleichsforderung bei einem etwaig durchzuführenden Zugewinnausgleich anzurechnen" um den Hals legen, hat er in § 1380 Abs. 1 Satz 2 BGB die folgende gesetzliche Vermutung geschaffen: Im Zweifel ist anzunehmen, dass Zuwendungen auf die Ausgleichsforderung angerechnet werden sollen, wenn ihr Wert den Wert von Gelegenheitsgeschenken übersteigt, die nach den ehelichen Lebensverhältnissen der Ehegatten üblich sind.

Experten-Tipp

So können Sie Geld sparen

Zuwendungen, die später auf die Ausgleichsforderung angerechnet werden, können auch noch erfolgen, wenn Sie und Ihre Frau bereits getrennt leben. Wichtig ist dies, wenn von Anfang an abzusehen ist, dass Sie Ihrer Ehefrau gegenüber zugewinnausgleichspflichtig sein werden. Je nach Höhe der zu erwartenden Ausgleichsforderung empfiehlt es sich, vorab einen größeren Betrag zu überweisen, mit der Bestimmung, dieser sei auf die Ausgleichsforderung anzurechnen. Auf diese Weise können Sie erreichen, dass Ihre Ehefrau Ihnen gegenüber keinen Anspruch auf Prozesskostenvorschuss hat oder sie sich Zinseinnahmen bei der Unterhaltsforderung anrechnen lassen muss, wenn der Betrag sehr hoch ist. In beiden Fällen können Sie eine Menge Geld sparen. Lassen Sie das Vorhaben aber sorgfältig von Ihrem Anwalt prüfen!

Kann ich verlangen, dass meine Frau mir den Zugewinnausgleich stundet?

Der Gesetzgeber hat auch diesen Punkt geregelt. § 1382 Abs. 1 BGB lautet: Das Familiengericht stundet auf Antrag eine Ausgleichsforderung, soweit sie vom Schuldner nicht bestritten wird, wenn die sofortige Zahlung auch unter Berücksichtigung der Interessen des Gläubigers zur Unzeit erfolgen würde.

Zahlung zur Unzeit

Was heißt das im Klartext? Zur Unzeit würde eine Zahlung erfolgen, wenn Sie dadurch gezwungen würden, Vermögensgegenstände zu verschleudern. Oftmals ist es ja so, dass es eine gewisse Zeit braucht, um gerade wertvolle Gegenstände, vor allem Häuser und Grundstücke, zum Verkehrswert zu veräußern. Damit hier der Schuldner nicht gezwungen wird, durch so genannte Notverkäufe sein Vermögen unter Wert zu veräußern, wird ihm die Möglichkeit eingeräumt, eine Stundung der Ausgleichsforderung zu verlangen. Besonders vorteilhaft ist diese Möglichkeit für Selbstständige, die sich während der Ehe ein Unternehmen aufgebaut haben, das mit seinem Wert in den Zugewinn fällt. Falls durch die sofortige Zahlung der Ausgleichsforderung der Geschäftsbetrieb gefährdet würde, kann eine Stundung beantragt werden.

Stundung

Außerdem kann eine Stundung gewährt werden, wenn sich bei sofortiger Zahlung die Wohnverhältnisse oder sonstigen Lebensverhältnisse gemeinschaftlicher Kinder nachhaltig verschlechtern würden. Dadurch soll vor allem verhindert werden, dass der Ausgleichspflichtige das Familienheim, in dem er mit den gemeinsamen Kindern wohnt, wegen der Ausgleichsforderung sofort verkaufen muss. Den Kindern sollen damit neben den allgemeinen Schwierigkeiten, die eine Scheidung für Kinder mit sich bringt, weitere Unannehmlichkeiten wie Schulwechsel und Verlust des sozialen Umfelds erspart werden.

Das Gericht kann, wenn es die Stundung anordnet, zugleich bestimmen, wie die Ausgleichsforderung für die Zeit der Stundung zu verzinsen ist. Es kann ebenfalls aussprechen, dass der Ausgleichspflichtige für die gestundete Forderung eine Sicherheitsleistung zu erbringen hat.

Der richtige Zeitpunkt für den Antrag auf Stundung

Experten-Tipp

Wenn Sie denken, dass die Voraussetzungen für eine Stundung in Ihrem Fall gegeben sind, dann beachten Sie bitte, dass der Antrag auf Stundung der Ausgleichsforderung, wenn ein Verfahren über den Zugewinnausgleich bei Gericht rechtshängig ist, nur in diesem Verfahren gestellt werden kann! Warten Sie also nicht erst das Urteil ab, dann ist es nämlich zu spät, und das Gericht muss Ihren Antrag in jedem Fall ablehnen.

Kann ich mein Vermögen nicht meiner neuen Freundin übertragen?

Diese Idee klingt gut – doch es nützt nur leider nichts! Denn § 1390 BGB verschafft Ihrer Ehefrau für den Fall, dass Sie Ihrer Freundin das Vermögen übertragen, einen Anspruch gegen die Freundin auf Herausgabe der Vermögenswerte. Allerdings haftet derjenige, dem das Vermögen übertragen wurde, nur beschränkt, nämlich insoweit wie das Vermögen noch vorhanden ist.

Experten-Tipp

Übertragung ist nur in Ausnahmefällen Erfolg versprechend

Alles in allem ist aber anzumerken, dass die Übertragung von Vermögenswerten auf Dritte, in der Absicht die Zugewinnausgleichsforderung zu verringern, nur in ganz bestimmten Ausnahmefällen Erfolg versprechend. Mehr hierzu kann Ihnen nach genauer Beurteilung Ihrer eigenen Situation Ihr Rechtsanwalt sagen.

Und wenn ich behaupte, ich hätte das Geld verspielt?

Gehen wir zuerst einmal davon aus, dass Sie dies tatsächlich getan haben, denn Sie dürfen auch im schmutzigsten Scheidungskrieg vor Gericht nicht lügen, da Sie sich so eines Prozessbetrugs strafbar machen. Gehen wir weiter davon aus, dass Sie dies behaupten, wenn es um die Berechnung des Endvermögens geht. In diesem Zusammenhang bestimmt ja § 1375 Abs. 2 BGB, dass Beträge, die verschwendet wurden, dem Endvermögen hinzuzurechnen sind. Und dass Glücksspiel unter Verschwendung fällt, werden Sie wohl nicht ernsthaft bestreiten wollen?

Beendigung des Güterstands

Auf den ersten Blick bringt Ihnen diese Überlegung also nichts. Allerdings gibt es da noch den § 1378 Abs. 2 BGB. Danach ist die Ausgleichsforderung auf den Wert des Vermögens zum Zeitpunkt der Beendigung des Güterstands beschränkt. Wenn Sie also tatsächlich Ihr gesamtes Vermögen verspielt haben, müssten Sie auch keinen Zugewinnausgleich zahlen. Aber mal ernsthaft: Lohnt es sich wirklich, sich arm zu spielen, nur um keinen Zugewinn zahlen zu müssen?

Wie wirkt sich ein Ehevertrag aus?

Eheliches Güterrecht

Wenn Sie einen Ehevertrag haben, sollten Sie diesen in jedem Fall Ihrem Anwalt vorlegen. Ich weiß, das hört sich banal an, es passiert aber immer wieder, dass der Anwalt erst auf gezieltes Nachfragen hin erfährt, dass ein Ehevertrag existiert. Haben Sie also vor oder nach der Eheschließung einen Ehevertrag geschlossen, ist zu überprüfen, ob dieser Regelungen zum ehelichen Güterrecht enthält. Wahrscheinlich haben Sie Gütertrennung vereinbart oder eine Form der so genannten modifizierten Zugewinngemeinschaft. Letzteres bedeutet, dass der Ausgleich des Zugewinns ausgeschlossen wird, wenn Ihre Ehe anders als durch den Tod endet. In diesen Fällen ist natürlich kein Zugewinnausgleich bei Scheidung der Ehe durchzuführen.

Aufhebung der Zugewinngemeinschaft

Anders verhält es sich, wenn in Ihrem Ehevertrag die Zugewinngemeinschaft so modifiziert wurde, dass zum Beispiel ein Unternehmen, das bereits bei der Eheschließung existierte, aus dem Zugewinn herausgenommen wurde, privates Vermögen des Unternehmerehegatten aber dem Zugewinn unterworfen blieb. In solchen Fällen ist bei der Scheidung ein Zugewinnausgleich vorzunehmen. Ganz selten kommt es vor, dass aufgrund des Ehevertrags die Zugewinngemeinschaft aufgehoben ist, ohne dass davon etwas im Ehevertrag steht. Dies trifft zu, wenn Sie und Ihre Frau den Versorgungsausgleich ausgeschlossen und hinsichtlich des Güterstands nichts vereinbart haben.

Wie sieht das Sorge- und Umgangsrecht für die Kinder aus?

Gemeinsames Sorgerecht

Das Kindschaftsrecht wurde neu geregelt. Seit dem 1.7.1998 gilt, dass beide Eltern das Sorgerecht für ihre minderjährigen Kinder auch über die Trennung hinaus gemeinsam ausüben. Diese Grundentscheidung des Gesetzgebers beruht auf den neueren Erkenntnissen der Kinderpsychologie, wonach ein Kind Vater und Mutter für eine positive Entwicklung benötigt.

Was heißt gemeinsames Sorgerecht?

Gesonderter Antrag

Das Gericht entscheidet nur dann über eine Regelung der elterlichen Sorge, wenn dies von einem Elternteil oder beiden Eltern gesondert beantragt wird. In allen anderen Fällen wird das Gericht mit dem Scheidungsantrag lediglich darüber informiert, dass gemeinsame minderjährige Kinder vorhanden sind. Es weist dann die Eltern darauf hin, dass das Jugendamt Beratungen anbietet und die Eltern dabei unterstützt, auch nach der Scheidung das Sorgerecht gemeinsam auszuüben. Zudem informiert das Gericht das Jugendamt, welches sich dann mit den Eltern in Verbindung setzt.

Das gemeinsame elterliche Sorgerecht bedeutet, dass die Eltern auch nach der Trennung wichtige Angelegenheiten, die das Kind betreffen, gemeinsam entscheiden müssen. Neben solchen „Angelegenheiten von erheblicher Bedeutung“ stehen die Angelegenheiten des täglichen Lebens, die von demjenigen Elternteil entschieden werden können, bei dem das Kind sich überwiegend aufhält. In der Konsequenz heißt dies, dass der Elternteil, bei dem die Kinder leben, nicht für jede Kleinigkeit die Zustimmung des anderen Elternteils einholen muss.

Unwiderrufliche Auswirkungen

Als Angelegenheiten von erheblicher Bedeutung gelten solche Entscheidungen, die quasi unwiderrufliche Auswirkungen für die weitere Entwicklung des Kindes haben. Man könnte diese Entscheidungen auch „Weichenstellungen im Leben des Kindes“ nennen. Hierbei handelt es sich insbesondere um folgende Fragen:

Aufenthaltsort

- An welchem Ort soll sich das Kind aufhalten?
- Welchen Schultyp soll das Kind besuchen?
- Welche Ausbildung soll das Kind bekommen beziehungsweise welchen Beruf soll es ergreifen?
- Wie soll die religiöse Erziehung aussehen?
- Sollen geplante ärztliche/operative Behandlungen, die mit Risiken verbunden sind, vorgenommen werden?
- Wie soll gegebenenfalls das Vermögen des Kindes verwaltet werden?

Angelegenheiten des täglichen Lebens sind dagegen solche, die häufig vorkommen und eben keine unwiderruflichen Auswirkungen auf die weitere Fortentwicklung des Kindes haben. Beispiele hierfür sind:

Freizeitaktivitäten

- Normale Arztbesuche
- Freizeitaktivitäten des Kindes
- Eintritt in einen Verein oder Austritt

Solche Fragen kann übrigens auch der Elternteil, bei dem die Kinder sich nicht dauernd aufhalten, allein entscheiden, wenn sie – im Rahmen der Umgangsausübung – gerade bei ihm sind. Voraussetzung ist allerdings, dass das Wohl der Kinder nicht gefährdet wird.

Experten-Tipp

Wenn Sie und Ihre Frau sich nicht einigen können

Kommt es in einer Frage, die für das Kind von erheblicher Bedeutung ist, zum Konflikt zwischen den Eltern, kann das Gericht die Entscheidung auf einen Elternteil übertragen, wenn dies beantragt wird. Dabei besteht jedoch die Gefahr, dass das Gericht diesen Umstand als Indiz dafür ansieht, dass die elterliche Sorge insgesamt geregelt werden muss. Deshalb sollte derjenige, der sein Einvernehmen verweigert, schon sehr triftige Gründe dafür haben.

Existiert das alleinige Sorgerecht überhaupt noch?

Natürlich kennt das Gesetz auch heute noch das alleinige Sorgerecht eines Elternteils. § 1671 Abs. 1 BGB bestimmt dazu: Leben Eltern, denen die elterliche Sorge gemeinsam zusteht, nicht nur vorübergehend getrennt, so kann jeder Elternteil beantragen, dass ihm das Familiengericht die elterliche Sorge oder einen Teil der elterlichen Sorge allein überträgt. Die Voraussetzungen, unter denen einem solchen Antrag stattzugeben ist, sind in § 1671 Abs. 2 BGB festgelegt: Dem Antrag ist stattzugeben, soweit

- der andere Elternteil zustimmt, es sei denn, das Kind hat das 14. Lebensjahr vollendet und widerspricht der Übertragung, oder
- zu erwarten ist, dass die Aufhebung der gemeinsamen Sorge sowie die Übertragung auf den Antragsteller dem Wohl des Kindes am Besten entspricht.

Abs. 2 des § 1671 BGB eröffnet also zwei Möglichkeiten, nach denen einem der Elternteile das alleinige Sorgerecht übertragen werden kann. Die erste Alternative erfasst den Fall, in dem die Eltern sich darüber einig sind, dass die elterliche Sorge einem von ihnen allein übertragen werden soll. Sie ist also unproblematisch, sofern das Kind unter 14 ist oder wenn es das 14. Lebensjahr vollendet hat und nichts einzuwenden hat.

Alleiniges Sorgerecht

Die zweite Alternative beschäftigt sich damit, dass zwischen den Eltern streitig ist, ob die gemeinsame elterliche Sorge überhaupt aufgehoben werden soll und wenn ja, wer in diesem Fall das alleinige Sorgerecht bekommt. Hierfür bestimmt das Gesetz, dass dem Antragsteller die Alleinsorge dann übertragen werden soll, wenn zu erwarten ist, dass dies dem Wohl des Kindes am besten diene.

Kindeswohl hat Vorrang

In diesem Paragraphen ist das oberste Prinzip festgelegt, das bei sämtlichen Entscheidungen zu berücksichtigen ist, die von den Gerichten hinsichtlich der Kinder zu fällen sind. Immer steht das Kindeswohl an erster Stelle. Dieses Kindeswohl ist für die Gerichte der alleinige und entscheidende Maßstab, wenn Regelungen hinsichtlich der elterlichen Sorge, der Bestimmung des Aufenthalts der Kinder oder des allgemeinen Umgangs der Eltern mit den Kindern zu treffen sind.

Zu den Gesichtspunkten, anhand derer das Gericht entscheidet, welcher der beiden Elternteile eher geeignet ist, das Kindeswohl sicherzustellen, gehören die folgenden:

- Förderungsprinzip,
- Kontinuitätsprinzip,
- Bindungen des Kindes an Eltern und Geschwister,
- Wille des Kindes.

Förderungsprinzip

Prognose-entscheidung

Nach dem Förderungsprinzip erhält derjenige Elternteil die elterliche Sorge, von dem zu erwarten ist, dass er das Kind beim Aufbau der eigenen Persönlichkeit am meisten unterstützt. Dabei handelt es sich natürlich um eine Prognoseentscheidung. Kriterien für die Entscheidung welcher der Elternteile aller Voraussicht nach für das Kind die stabilere und verlässlichere Bezugsperson sein wird, sind auch äußere Umstände wie die soziale Stellung, Berufsausbildungschancen, Güte der Unterbringung oder Verpflegungsmöglichkeiten, aber vor allem die seelischen und geistigen Voraussetzungen, die der Elternteil mitbringt, der die Übertragung der elterlichen Sorge auf sich beantragt.

Zur Mutter oder zum Vater?

Dauerhaftere gefühlsmäßige Bindung

Es gibt keinen allgemein gültigen Erfahrungssatz, dass Kinder eher zur Mutter gehören. Falls Sie und Ihre Frau das alleinige Sorgerecht jeweils für sich beanspruchen, wird bei einem Kleinkind allerdings meist die Mutter sozusagen einen „Vorsprung" vor dem Vater haben, wenn sie das Kind auch bisher betreut hat und deshalb eine dauerhaftere gefühlsmäßige Bindung vorausgesetzt werden kann.
Ein ganz wichtiges Kriterium für den Förderungswillen eines Elternteils stellt auch seine Bindungstoleranz dar, also seine Bereitschaft, den Kontakt des Kindes zum anderen Elternteil zu unterstützen. Ein Elternteil, der es daran ohne triftige Gründe fehlen lässt, muss damit rechnen, dass das Gericht ihm die alleinige elterliche Sorge nicht übertragen wird. Dies gilt insbesondere, wenn er systematisch die Bindungen des Kindes an den anderen Elternteil zerstört.

Kontinuitätsprinzip

Verhaltens-konstanten

Neben dem Förderungsprinzip legen die Gerichte besonderen Wert auf den so genannten Kontinuitätsgrundsatz. Hintergrund hierfür ist, dass Erziehung Verhaltenskonstanten aufbauen sollen, so dass für die Entwicklung des Kindes in der Regel die Lösung am vorteilhaftesten ist, die Einheitlichkeit und Gleichmäßigkeit der Erziehung am wenigsten stört. Hierbei berücksichtigt das Gericht auch die Beziehungen zu Freunden, Nachbarn und Schulkameraden. Insbesondere achtet es aber darauf, dass die Eingriffe in das soziale Umfeld des Kindes möglichst gering bleiben. Dies kann dazu führen, dass dem Vater das Sorgerecht zugesprochen wird – vorausgesetzt er ist in der Lage, die Betreuung der Kinder sicherzustellen – wenn die Mutter mit den Kindern in einen anderen Ort umziehen will.

Bindungen des Kindes

Familiäre und außerfamiliäre Bindungen

Ferner wird das Gericht bei seiner Entscheidung die gefühlsmäßigen Bindungen des Kindes vor allem an seine Eltern und Geschwister berücksichtigen. Das Gericht prüft, zu welchem Elternteil die stärkeren Bindungen bestehen und wie stark die Geschwister unter einer Trennung voneinander leiden würden. Im Hinblick auf das Wohl der Kinder wird meist entschieden, dass die Geschwister zusammen aufwachsen und erzogen werden sollen. Neben diesen familiären Bindungen können auch außerfamiliäre Bindungen etwa an die Schule, an den Freundeskreis oder an die Großeltern den Ausschlag geben.

Der Wille des Kindes

Ab dem neunten Lebensjahr

Letztlich ist – abhängig vom Alter des Kindes – auch dessen Wille zu beachten. Einige Gerichte hören im Sorgerechtsverfahren schon Kinder an, die erst das sechste oder siebte Lebensjahr vollendet haben. Hier ist sicher die Gefahr sehr groß, dass die Kinder nicht wirklich ihren eigenen Willen äußern, sondern den Willen desjenigen, bei dem sie sich überwiegend aufhalten. Es besteht aber Einigkeit darüber, dass Kinder spätestens ab Vollendung des neunten Lebensjahres angehört werden sollen, bei welchem Elternteil sie zukünftig leben möchten.

Laut Gesetz ist der Wille des Kindes ab Vollendung des 14. Lebensjahres so weit zu berücksichtigen, dass Vereinbarungen der Eltern, die dem Willen des Kindes entgegenstehen, nicht mehr einfach vom Gericht abgesegnet werden können. Das Gericht kann zwar dennoch dem Vorschlag der Eltern folgen, wird aber sehr genau prüfen müssen, ob dieser Vorschlag tatsächlich dem Kindeswohl entspricht.

Aus welchen Gründen kann das gemeinsame elterliche Sorgerecht aufgehoben werden?

Kommunikation zwischen den Eltern

Da das Gesetz noch ziemlich neu ist, gibt es noch keine endgültig gefestigte Rechtsprechung dazu. Meistens taucht die Frage nach der Aufhebung des gemeinsamen Sorgerechts dann auf, wenn die Eltern derart zerstritten sind, dass eine vernünftige Kommunikation zwischen ihnen kaum noch möglich ist.

In diesen Fällen wird von einigen Gerichten die Auffassung vertreten, dass erhebliche Kommunikationsschwierigkeiten der Eltern einem gemeinsamen Sorgerecht dann nicht entgegenstehen, wenn der Elternteil, bei dem die Kinder nur zu Besuch sind, zu ihnen eine gute Beziehung hat und die Besuche regelmäßig stattfinden.

Experten-Tipp

Urteil: Aufhebung des gemeinsamen Sorgerechts wegen Kommunikationsschwierigkeiten zwischen den Elternteilen

Dieser Entscheidung des Oberlandesgerichts Hamm steht eine Entscheidung des OLG Frankfurt konträr entgegen. Dieses Gericht hat trotz guter Beziehungen des nichtbetreuenden Elternteils zu den Kindern wegen der gravierenden Kommunikationsschwierigkeiten zwischen den Elternteilen das gemeinsame Sorgerecht aufgehoben.

Gemeinsame Sorge kein Regelfall

Zwischen den Gerichten ist sogar noch streitig, ob die gemeinsame Sorge und die Alleinsorge in einem Regel-Ausnahme-Verhältnis zueinander oder gleichwertig nebeneinander stehen. Der Bundesgerichtshof ist der Ansicht, dass die gemeinsame Sorge nicht den Regelfall darstelle. Dies führt in der Konsequenz wohl dazu, dass es für die Aufhebung der gemeinsamen Sorge ausreicht, wenn ein Elternteil die gemeinsame elterliche Sorge ablehnt und die alleinige Sorge fordert.

Damit wäre allerdings quasi wieder der ursprüngliche Zustand geschaffen, was bereits heftig kritisiert wird. Alles in allem lässt sich aber feststellen, dass seit der Änderung des Gesetzes die meisten Väter – und vor allem Mütter – davon ausgehen, dass es sich bei der gemeinsamen Sorge um den Regelfall handelt. In vielen Fällen wird daher erst gar kein Sorgerechtsverfahren eingeleitet. Dies hängt aber sicher nicht zuletzt auch vom beratenden Rechtsanwalt ab.

Kann meine Geschiedene trotz gemeinsamem Sorgerecht wegziehen?

Normative Kraft des Faktischen

Eigentlich darf Ihre geschiedene Frau dies nicht, da ja, wenn das gemeinsame Sorgerecht besteht, über den Aufenthaltsort der Kinder von den Eltern gemeinsam und einvernehmlich entschieden werden muss. Allerdings sieht die Praxis hier vielfach anders aus. Man nennt das auch die normative Kraft des Faktischen, was so viel bedeutet wie: Wer Fakten schafft, ist im Vorteil! Ist Ihre geschiedene Frau mit den Kindern bereits weggezogen, müssen Sie erst einmal ein Verfahren einleiten, in dem Ihnen das Aufenthaltsbestimmungsrecht oder die Entscheidung über den Aufenthalt der Kinder übertragen wird. Ein solches Verfahren nimmt sicher längere Zeit in Anspruch. Es ist sehr unwahrscheinlich, dass ein Gericht die sofortige Rückführung der Kinder veranlasst.

Erneuter Ortswechsel

Und je mehr Zeit ins Land geht, desto schwieriger wird es, einen erneuten Ortswechsel der Kinder zu rechtfertigen, vor allem wenn sie an ihrem neuen Wohnort bereits eine Schule besuchen, in einem Sportverein oder Ähnlichem angemeldet wurden und neue Freunde gefunden haben. Um es ganz deutlich zu sagen: Selbst wenn ein Gericht feststellen sollte, dass der Wegzug gegen das Wohl der Kinder verstoßen hat, kommen die Gerichte im Umkehrschluss nicht zu dem Ergebnis, dass die Kinder nunmehr zurückzubringen sind.

Experten-Tipp

Stellen Sie im Ernstfall einen Eilantrag auf Übertragung des Aufenthaltsbestimmungsrechts bei Gericht

Was können Sie tun? Im Grunde genommen bleibt Ihnen nur eine Chance – und auch die ist winzig! Sobald Sie erfahren, dass Ihre Frau mit den Kindern einen Umzug plant, müssen Sie bei Gericht einen Eilantrag auf Übertragung des Aufenthaltsbestimmungsrechts auf Sie stellen.

In diesem Antrag müssen Sie aber nicht nur darlegen, dass es dem Kindeswohl nicht entspricht, wenn die Kinder umziehen. Sie müssen zudem das Gericht davon überzeugen, dass Sie mindestens ebenso gut wie Ihre Frau geeignet sind, die Betreuung der Kinder sicherzustellen. Und darin liegt häufig das größte Problem, da auch heute noch die meisten Väter Vollzeit arbeiten, während die Mütter überhaupt nicht oder nur Teilzeit arbeiten. ◀

Machen Sie sich deshalb bitte nicht allzu viel Hoffnung, dass Sie bei der gegenwärtigen Rechtsprechung in Deutschland eine Chance haben, den Wegzug Ihrer Frau mit den Kindern zu verhindern.

Praxis-Beispiel

Gerichtsentscheide in anderen Staaten

Die Gerichte in anderen Staaten sind da übrigens schon einen Schritt weiter. In Amerika ist es beispielsweise ein ausreichender Grund, der Mutter das Sorgerecht zu entziehen und dieses auf den Vater zu übertragen, wenn die Mutter ohne sachlichen Grund (wie etwa aus beruflichen Gründen) weiter als 50 bis 100 Kilometer vom Wohnort des Vaters wegziehen will. Weil dadurch der Umgang der Kinder mit dem Vater erschwert wird, sehen die amerikanischen Gerichte in einem solchen Fall eine Gefährdung des Kindeswohls. Diese Argumentation hat sich aber bei deutschen Gerichten bisher leider nicht durchsetzen können. ◂

Meine Exfrau verweigert mir den Umgang mit den Kindern – was nun?

Zu diesem Thema hat der Gesetzgeber mit § 52 a des Gesetzes über die Angelegenheiten der freiwilligen Gerichtsbarkeit (FGG) eine interessante Neuregelung geschaffen. Hat das Gericht bereits eine Entscheidung über den Umgang mit den Kindern getroffen und wird diese von einem Elternteil nicht eingehalten, kann der andere Elternteil nach diesem Paragraphen einen Antrag auf Durchführung des Vermittlungsverfahrens stellen.

Umgangsboykott

In diesem Verfahren ist das Gericht aufgefordert, den Eltern eindringlich vor Augen zu führen, welche Folgen ein Umgangsboykott für die Entwicklung der Kinder haben kann. Es kann auf die Möglichkeit hinweisen, den Umgang zwangsweise durchzusetzen.

Außerdem ist in diesem Paragraphen erstmals gesetzlich festgehalten, dass es zu Konsequenzen bei der Regelung des Sorgerechts führen kann, wenn ein Elternteil den Umgang des anderen mit den Kindern verhindert. Nutzen Sie also dieses Verfahren, wenn es zu solchen Problemen kommt, und die bestehende Regelung des Umgangs bereits auf einer gerichtlichen Entscheidung beruht.

Auch Oma und Opa wollen Kontakt zu den Kindern – können sie das durchsetzen?

Der Gesetzgeber hat auch anderen Personen als den Eltern ein Umgangsrecht mit den Kindern eingeräumt. Gemeint sind vor allem die Großeltern und Geschwister. Es können aber auch Ehegatten oder frühere Ehegatten eines Elternteils, die mit den Kindern längere Zeit in häuslicher Gemeinschaft gelebt haben, und Personen, bei denen die Kinder längere Zeit in Familienpflege waren, einen Umgang geltend machen.

Kompromisse

Problematisch für das Umgangsrecht dieser Personen ist es allerdings, zumindest wenn sie in „Konkurrenz" zu einem Elternteil stehen, dass kaum Zeit für den Umgang bleibt, wenn der umgangsberechtigte Elternteil sein Recht in vollem Umfang ausübt. Es ist undenkbar, dass ein Kind das eine Wochenende beim Vater, das nächste bei den Großeltern verbringt und so eigentlich nie am Wochenende bei der Mutter ist. Welche Kompromisse die Gerichte für solche Fälle finden, wird sich in Zukunft zeigen.

Experten-Tipp

Sie dürfen Ihre Kinder zu Ihren Eltern mitnehmen!

Nach der neuen gesetzlichen Regelung kann Ihnen Ihre Frau nicht mehr verbieten, die Kinder zu Ihren Eltern mitzunehmen.

Wie viel Zeit mit den Kindern steht mir zu?

Recht auf Umgang

Wenn Sie die Kinder nicht betreuen, räumt das Gesetz Ihnen das Recht auf Umgang mit den Kindern ein – seit der Änderung des Kindschaftsrechts im Juli 1998 gibt das Gesetz Ihnen aber auch die Pflicht, Umgang mit den Kindern zu pflegen. Insofern ist das Umgangsrecht heute nicht mehr nur ein Recht des nichtbetreuenden Elternteils, sondern auch ein Recht der Kinder! Diese gesetzliche Wertung sollten Sie und Ihre Frau nie aus den Augen verlieren, wenn Sie sich über den Umgang zwischen Ihnen und den Kindern unterhalten.

Es ist inzwischen unter Kinderpsychologen grundsätzlich unumstritten, dass Kinder für ihre Entwicklung sowohl das mütterliche als auch das väterliche Vorbild benötigen, um eine eigene Persönlichkeit zu entwickeln. Lassen Sie sich deshalb unter keinen Umständen aus dem Leben Ihrer Kinder verbannen. Nehmen Sie es aber auch als Aufgabe an, trotz der Scheidung Ihren Kindern ein Vater zu bleiben. Können Sie sich mit der Mutter nicht über das Umgangsrecht mit Ihren Kindern einigen, haben Sie die Möglichkeiten, hierzu das Gericht anzurufen, das sich dann mit der Angelegenheit beschäftigen muss. Sie brauchen bezüglich des Umgangsrechts nicht die Entscheidung in der Scheidungssache abzuwarten! Schon vorher können Sie in einem selbstständigen Verfahren den Umgang mit den Kindern regeln lassen.

Lassen Sie sich beim Jugendamt beraten!

Wenn Ihre Frau Ihnen den Umgang mit Ihren Kindern erschwert oder gar verhindern will, setzen Sie sich in jedem Fall möglichst schnell mit dem Jugendamt in Verbindung. Viele Jugendämter sind in den Angelegenheiten der Väter inzwischen besser als ihr Ruf.

Ferien und hohe Feiertage

Wenn der Umgang vom Gericht geregelt wird, können Sie erwarten, dass das Gericht Ihnen ein Umgangsrecht an jedem zweiten Wochenende einräumt. Ob sich dieses Umgangsrecht auf einen Tag bezieht oder das ganze Wochenende umfasst, hängt vom Alter der Kinder ab. Bei Kleinkindern bis zum Kindergartenalter findet der Umgang in der Regel an einem Tag statt, bei Kindern bis zum Schulalter dann mit einer Übernachtung, bei älteren Kindern von freitags bis sonntags. Zudem haben Sie Anspruch auf etwa die Hälfte der (Schul-)Ferien Ihrer Kinder. Außerdem wird normalerweise entschieden, dass die Kinder an den jeweils zweiten der so genannten hohen Feiertage, also Weihnachten, Ostern und Pfingsten, bei dem umgangsberechtigten Elternteil sind.

Unter Aufsicht

Das Umgangsrecht erfolgt grundsätzlich dort, wo Sie leben. Nur in ganz besonderen Ausnahmefällen kann festgelegt werden, dass Sie mit Ihren Kindern woanders oder gar unter Aufsicht einer dritten Person, beispielsweise eines Mitarbeiters vom Jugendamt, zusammen sein sollen. Dies ist denkbar, wenn hinsichtlich der Persönlichkeit des Umgangsberechtigten Bedenken bestehen, weil er zum Beispiel alkoholabhängig oder drogensüchtig ist. Manchmal wird ein solcher begleiteter Umgang von einem Gericht aber auch für eine bestimmte Zeit angeordnet, wenn Sie Ihre Kinder lange nicht mehr gesehen haben und erst wieder eine allmähliche Annäherung nötig ist.

Umgangskosten

Grundsätzlich holt der umgangsberechtigte Elternteil die Kinder ab und bringt sie wieder zurück. Auch die damit verbundenen Kosten sind von dem umgangsberechtigten Elternteil allein zu tragen. Nur in ganz seltenen Fällen, wenn das Einkommen des umgangsberechtigten Elternteils sehr gering und die Umgangskosten sehr hoch sind, können diese Kosten eventuell zumindest teilweise bei der Berechnung des Ehegattenunterhalts berücksichtigt werden.

Experten-Tipp

Wer trägt umsonst aufgewendete Kosten?

Wenn Ihre Frau als der betreuende Elternteil Ihren Umgang mit den Kindern vorsätzlich unterbindet, können Sie versuchen, die umsonst aufgewendeten Kosten über eine Schadenersatzklage von ihr ersetzt zu erhalten.

Es kann Ihnen auch grundsätzlich nicht untersagt werden, dass bei Ihrem Umgang mit den Kindern Ihre neue Lebensgefährtin anwesend ist. Nur bei jüngeren Kindern ist es möglicherweise sinnvoll, darauf für einen bestimmten Zeitraum zu verzichten, sicherlich aber niemals über den Zeitpunkt der Rechtskraft der Ehescheidung hinaus.

Hausrat – Trockner für meine Frau, Stereoanlage für mich?

Während des Zusammenlebens mit Ihrer Ehefrau und den Kindern haben sie kaum bemerkt, wie Ihr Hausrat langsam aber stetig gewachsen ist. Nun, da Ihr Auszug bevorsteht, machen Sie sich Gedanken darüber, was Sie eigentlich zur Führung eines Haushalts benötigen. Dabei werden Sie feststellen, dass es sehr teuer ist, einen kompletten Haushalt einzurichten. Selbst für die Ausstattung einer „Junggesellenwohnung" können Kosten in Höhe von 10.000 Euro bis 15.000 Euro anfallen. Eine Menge Geld also, die Sie wahrscheinlich nicht haben. Das Gesetz sieht deshalb vor, dass der vorhandene Hausrat zwischen den Ehegatten aufgeteilt wird. Was dabei zu beachten ist, erfahren Sie in diesem Kapitel.

Führung eines Haushalts

Was zählt zum Hausrat?

Zum Hausrat gehören die Gegenstände, die nach den Vermögens- und Lebensverhältnissen der Ehegatten und der Kinder für ihr Zusammenleben sowie für die Wohn- und Hauswirtschaft bestimmt waren, sofern sie hierzu auch benutzt worden sind. Der Hausrat ist deshalb einerseits gegenüber persönlichen Gegenständen eines Ehegatten abzugrenzen, andererseits gegenüber den Gegenständen, die dem Vermögen zugerechnet und infolgedessen im Rahmen des Zugewinnausgleichs berücksichtigt werden. Haushaltsgegenstände, die die Ehegatten jeweils in der Zeit nach der Trennung angeschafft haben, müssen bei der Scheidung natürlich ebenfalls nicht aufgeteilt werden.

Haushaltsgegenstände

Zu den persönlichen Gegenständen zählen insbesondere Kleidungsstücke, Schmuck, persönliche Unterlagen und Dokumente sowie Hobbyartikel. All diese Dinge darf jeder Ehegatte sowieso mitnehmen.

Hobbyartikel

Ob ein Gegenstand noch zum Hausrat oder schon zum Vermögen gehört und damit in den Zugewinnausgleich fällt, hängt nicht zuletzt von den Einkommensverhältnissen der Eheleute und ihrem Vermögen ab. Streitig ist dies immer wieder bei Kunstgegenständen und Antiquitäten. Je nach den Lebensverhältnissen kann es sich hierbei um Hausrat oder eben um Vermögen handeln. Wie schwierig diese Frage zu beantworten ist, zeigt eine obergerichtliche Entscheidung, nach der eine Hochseejacht dem Hausrat zugeschlagen wurde, wo doch eigentlich jeder erwarten würde, dass eine solche Jacht dem Zugewinn unterliegen würde.

Wie teilen wir den Hausrat auf?

Vorläufige Regelung

Der Gesetzgeber unterscheidet je nach der Phase, in der sich das Scheidungsverfahren befindet, zwischen der Aufteilung des Hausrats für die Zeit des Getrenntlebens (§ 1361 a BGB) und der endgültigen Verteilung des Hausrats im Zusammenhang mit der Ehescheidung. Diese endgültige Verteilung richtet sich nach §§ 8 ff. Hausratsverordnung (HausratsVO). Wenn Sie den Hausrat während der Zeit des Getrenntlebens aufteilen, ist es deshalb sehr wichtig, dass Sie eindeutig schriftlich festlegen, ob dies eine vorläufige oder eine endgültige Regelung sein soll. Haben Sie nämlich den Hausrat während der Trennungszeit aufgeteilt, ohne eine entsprechende abschließende Vereinbarung zu treffen, kann diese Frage im Scheidungsverfahren erneut auf den Tisch kommt und dadurch das Verfahren erheblich verzögern.

Bevor Sie den Hausrat endgültig teilen können, müssen Sie klären, in wessen Eigentum der jeweilige Gegenstand steht. Es ist nämlich ein Trugschluss anzunehmen, sämtliche Hausratsgegenstände, die Sie und Ihre Frau während der Ehe angeschafft haben, würden Ihnen auch gemeinsam gehören.

Praxis-Beispiel

Wem gehört was?

Herr Müller besaß bereits bei der Eheschließung eine kleine Stereoanlage mit einem Plattenspieler. Während der Ehe ist dieses Gerät irgendwann verkauft worden und Herr Müller hat sich dafür eine hochwertige Stereoanlage mit CD- und DVD-Player gekauft. Frau Müller hat hingegen eine sehr alte Waschmaschine mit in die Ehe gebracht. Auch diese ist während der Ehe durch eine hochmoderne Maschine ersetzt worden, die erst drei Monate vor der Trennung angeschafft wurde. ◂

Hier stellt sich sowohl hinsichtlich der Stereoanlage als auch der Waschmaschine die Frage, ob die Gegenstände jeweils im Eigentum von Herrn beziehungsweise von Frau Müller stehen, oder ob sie gemeinsames Eigentum beider Eheleute sind, weil sie während der Ehe angeschafft wurden. Die etwas verblüffende Antwort gibt § 1370 BGB: Haushaltsgegenstände, die an Stelle von nicht mehr vorhandenen oder wertlos gewordenen Gegenständen angeschafft wurden, zählen zum Eigentum des Ehegatten, dem die nicht mehr vorhandenen oder wertlos gewordenen Gegenstände gehört haben.

„Wertlose" Gegenstände

Die Gerichte haben inzwischen entschieden, dass eine Gleichartigkeit oder Gleichwertigkeit zwischen den nicht mehr vorhandenen oder wertlos gewordenen Gegenständen und den neu angeschafften nicht erforderlich ist. Wird also der alte Schwarzweißfernseher durch einen Flatscreen-Fernseher ersetzt, geht der neue Fernseher automatisch in das Eigentum des Ehegatten über, der den Schwarzweißfernseher mit in die Ehe gebracht hat. Der vom Gesetzgeber verwendete Ausdruck „wertlos" ist nicht wörtlich zu verstehen. Als wertlos gilt ein Gegenstand nach dem Gesetz bereits dann, wenn er den persönlichen Zwecken der Ehegatten nicht mehr genügt und deshalb ausgetauscht wird. Im erwähnten Praxisbeispiel ist also Herr Müller Eigentümer der hochwertigen Stereoanlage und Frau Müller die Eigentümerin der neuen Waschmaschine geworden.

Alleineigentum

Wenn Sie sich darauf berufen wollen, dass bestimmte Hausratsgegenstände Ihr Alleineigentum sind, brauchen Sie nur nachzuweisen, dass sie als Ersatz für gleiche Gegenstände angeschafft wurden, die Ihnen bereits bei der Eheschließung gehört haben und nun nicht mehr vorhanden oder wertlos geworden sind. Ihre Frau muss dann im Streitfall den Gegenbeweis führen, dass die neuen Gegenstände nicht als Ersatz dienen sollten.

Praxis-Beispiel

Welche Rolle spielt ein Kaufvertrag?

Als die Eheleute Müller kurz vor ihrer Trennung die Waschmaschine kauften, erwarben sie zugleich auch einen Wäschetrockner. Einen solchen hatten sie bis dahin nicht. Den Kaufvertrag hat Herr Müller allein unterschrieben. Er vertritt jetzt die Auffassung, der Trockner sei deshalb sein Alleineigentum. ◂

Diesen Zahn wird sich Herr Müller wohl ziehen lassen müssen. § 8 Abs. 2 HausratsVO bestimmt nämlich: Hausrat, der während der Ehe für den gemeinsamen Haushalt angeschafft worden ist, gilt für die Verteilung auch dann als gemeinsames Eigentum, wenn er nicht zum Gesamtgut einer Gütergemeinschaft gehört, es sei denn, dass das Alleineigentum eines Ehegatten feststeht.

Schwierige Beweiserhebung

Der Gesetzgeber hat hiermit eine so genannte gesetzliche Vermutung geschaffen. Da die Eigentumsverhältnisse oft unklar sind, sollen auf diese Weise schwierige Beweiserhebungen in einem Hausratsverteilungsverfahren möglichst vermieden werden. Die Rechtsprechung hat diese Vorschrift so interpretiert, dass selbst für den Fall, dass ein Ehegatte den Kauf eines Hausratsgegenstands allein getätigt hat, dieser Gegenstand in das gemeinsame Eigentum beider Ehegatten übergeht, wenn beim Kauf nichts anderes erklärt wurde. Auch wenn der betreffende Gegenstand ausschließlich mit den finanziellen Mitteln des einen Ehegatten gekauft wurde, widerlegt dies die gesetzlich begründete Vermutung nicht. Der im Beispiel erwähnte Wäschetrockner ist deshalb gemeinsames Eigentum beider Ehegatten Müller und gegebenenfalls, wenn die Eheleute sich nicht einigen können, durch das Gericht zu verteilen.

Ist anhand der aufgezeigten Kriterien schließlich der Eigentümer von jedem Hausratsgegenstand ermittelt worden, kann die Verteilung beginnen. Dabei erhält jeder Ehegatte zunächst einmal die Gegenstände, die in seinem Alleineigentum stehen.

Praxis-Beispiel

Streitfall Klavier

Frau Müller möchte das im alleinigen Eigentum ihres Ehemanns stehende Klavier zugewiesen bekommen, weil die gemeinsame Tochter der Müllers, die bei Frau Müller bleibt, seit mehreren Jahren Klavierunterricht erhält und auf diesem Klavier spielt. Aufgrund ihrer Einkommens- und Vermögensverhältnisse ist Frau Müller nicht in der Lage, selbst ein Klavier zu kaufen. ◂

Notwendige Gegenstände

Nur in ganz besonderen Ausnahmefällen können Gegenstände, die im Alleineigentum eines Ehegatten stehen, durch ein Gericht dem anderen Ehegatten zugewiesen werden, nämlich dann, wenn der andere Ehegatte darauf angewiesen ist, den Gegenstand weiterhin zu benutzen und es dem Eigentümer zugemutet werden kann, ihn dem anderen zu überlassen. Ob ein Gegenstand für den anderen Ehegatten notwendig ist, bestimmt sich nicht nach dessen persönlicher Einschätzung, sondern nach der eines objektiven Betrachters.

Zumutbare Überlassung

Zu solchen Gegenständen, die für das Leben des Ehegatten, dem sie nicht gehören, unentbehrlich sind, zählen beispielsweise ein Bett oder andere Einrichtungsgegenstände, Geschirr, Besteck, Bett- und Küchenwäsche sowie Gegenstände, die für den Beruf benötigt werden. Angewiesen ist der Betreffende dann auf die Gegenstände, wenn er sich Ersatz aufgrund seiner Einkommens- und Vermögenslage nicht selbst beschaffen kann oder weil diese Gegenstände derzeit auf dem Markt nicht angeboten werden. Letztlich muss es aber für den Eigentümer der Gegenstände auch zumutbar sein, sie dem anderen zu überlassen.

Dies wird meist dann bejaht, wenn die Gegenstände den gemeinsamen Kindern zugute kommen, wie es im geschilderten Beispiel mit Herrn Müllers Klavier der Fall ist. Selbstverständlich kann jedoch Ihre Frau nicht Ihre Gegenstände zugewiesen haben wollen, um mit einem neuen Partner einen neuen Hausstand begründen zu können.

Mietverhältnis für Gegenstand

Bekommt Ihre Frau einen Hausratsgegenstand, der eigentlich Ihnen gehört, zugewiesen, kann das Gericht entweder ein Mietverhältnis für diesen Gegenstand begründen oder dafür eine Ausgleichszahlung festsetzen. Alle anderen Gegenstände, die den Ehegatten gemeinsam gehören, werden gemäß § 8 HausratsVO gerecht und zweckmäßig verteilt. An dieser Formulierung sehen Sie, dass es besser ist, wenn Sie sich gütlich über die Aufteilung einigen. Denn was ein Gericht als gerecht und zweckmäßig ansieht, muss nicht immer mit dem übereinstimmen, was Sie als sinnvoll ansehen würden.

To Do

Einigen Sie sich mit Ihrer Frau!

Tun Sie sich den Gefallen, und lassen Sie die Hausratsverteilung nicht durch ein Gericht entscheiden. Hausratsverfahren enden meist in einem fürchterlichen Erbsenzählen. Sie gehen meistens wie das berühmte Hornberger Schießen aus, und keiner der Ehegatten ist letztendlich mit dem Ergebnis zufrieden. Überdies kostet ein Verfahren auch noch eine Menge Geld, da der Wert des gesamten Hausrats als Streitwert angesetzt wird, aus dem sich die Gerichts- und Anwaltskosten berechnen.

Hat das Gericht den Hausrat verteilt, gehen die Gegenstände in das Alleineigentum des Ehegatten über, dem sie zugeteilt wurden. Erhält ein Ehegatte wesentlich mehr von dem gemeinsamen Hausrat, kann das Gericht ihm eine Ausgleichszahlung auferlegen, wenn dies der Billigkeit entspricht. Wieder ein Grund mehr, dass Sie sich gütlich einigen. Denn ob ein Gericht es als billig ansehen würde, eine Ausgleichszahlung festzusetzen, hängt auch von vielen nicht vorhersehbaren Unwägbarkeiten ab.

Wie sieht es mit meinen persönlichen Sachen aus?

Persönliche Dokumente

Gegenstände, die Ihrem persönlichen Gebrauch dienen, dürfen Sie selbstverständlich behalten. Diese Gegenstände werden von der Aufteilung des Hausrats nicht erfasst. Dazu zählen insbesondere Ihre Kleidungsstücke, Ihr Schmuck und Ihre persönlichen Dokumente wie Personalausweis, Zeugnisse, Arbeitsvertrag, Gehaltsabrechnungen, Unterlagen über Ihre Kranken- und Rentenversicherung und Ihre sonstigen Versicherungen.
Außerdem dürfen Sie die Gegenstände, die Sie zur Ausübung Ihres Hobbys oder Ihres Berufs benötigen, mitnehmen, ohne dass dies Auswirkungen auf die Aufteilung des Hausrats hätte. Gleiches gilt im Gegenzug natürlich auch für Ihre Ehefrau. Sie darf ebenfalls ihre persönlichen Sachen sowie die Gegenstände, die sie zur Ausübung ihres Berufs oder Hobbys benötigt, an sich nehmen, bevor der Hausrat verteilt wird.

Wie komme ich an den Hausrat, den ich bei meinem Auszug nicht mitnehmen konnte?

Gerichtliches Verfahren

Wenn Ihre Frau Ihnen die Hausratsgegenstände, die Sie für Ihren Haushalt benötigen, nicht freiwillig herausgeben will, haben Sie schon während der Trennungszeit die Möglichkeit, ein gerichtliches Verfahren einzuleiten. Das Gericht regelt dann die Aufteilung und verpflichtet Ihre Ehefrau mithilfe von geeigneten Bestimmungen, Ihnen die Gegenstände herauszugeben.

Experten-Tipp

Ein einstweiliges Rechtsschutzverfahren kann lange dauern

Geben Sie sich allerdings keinen Illusionen hin! Ein solches Verfahren, auch wenn es als einstweiliges Rechtsschutzverfahren bezeichnet wird, kann mehrere Wochen oder gar Monate dauern. Schon unter diesem Gesichtspunkt ist es sinnvoll, erst dann auszuziehen, wenn Sie sich mit Ihrer Ehefrau darüber geeinigt haben, wer welche Gegenstände bekommt.

Was wird nach der Scheidung aus der Ehewohnung?

Kündigung eines gemeinsamen Mietvertrags

Herr und Frau Müller haben zu glücklicheren Zeiten zusammen in einer gemeinsam angemieteten Wohnung gelebt. Nach der Trennung ist Herr Müller ausgezogen, Frau Müller wollte weiterhin in der Wohnung bleiben. Die Eheleute hatten den Vermieter gebeten, Herrn Müller aus dem Mietvertrag zu entlassen. Der Vermieter hatte dies jedoch verweigert. Nachdem nunmehr die Scheidung ausgesprochen ist, will Herr Müller endlich aus dem gemeinsamen Mietvertrag aussteigen.

Eins vorweg: Sie können einen Mietvertrag, den Sie gemeinsam mit Ihrer Ehefrau unterschrieben haben, auch nur gemeinsam mit ihr kündigen. Wenn Sie nach Ihrem Auszug allein den Mietvertrag kündigen, während Ihre Ehefrau weiterhin in der Wohnung bleibt, hat das keinerlei Auswirkungen auf Ihre Haftung gegenüber dem Vermieter für den Mietzins und die Nebenkosten.

Sie können natürlich, sofern Sie sich mit Ihrer Frau einig sind, den Vermieter bitten, Sie aus dem Mietvertrag zu entlassen, damit Sie zukünftig nicht mehr für den Mietzins und die Nebenkosten haften. (Einen Musterbrief dazu finden Sie auf der CD-ROM.) Nicht immer wird der Vermieter aber Ihrer Bitte nachkommen. Nach § 5 Abs. 1 HausratsVO kann in solchen Fällen ein Gericht bestimmen, dass ein von beiden Ehegatten eingegangenes Mietverhältnis von einem Ehegatten allein fortgesetzt wird oder ein Ehegatte an Stelle des anderen in ein von diesem eingegangenes Mietverhältnis eintritt. Zugleich kann das Gericht entsprechende Anordnungen treffen, um die Ansprüche des Vermieters zu sichern.

Entlassung aus dem Mietverhältnis

Aufgrund dieses Paragraphen können Sie also auch gegen den Willen Ihres vormaligen Vermieters aus dem Mietverhältnis entlassen werden. Das Gericht hat dabei allerdings zu berücksichtigen, dass der Vermieter sich dadurch nicht schlechter stellt, als wenn Sie weiterhin Mieter wären. Dies könnte dann der Fall sein, wenn Ihre Ehefrau kein eigenes Einkommen erzielt. Wenn aber durch das Einkommen Ihrer Frau der Mietzins gesichert ist, können Sie davon ausgehen, dass Sie endgültig nicht mehr für den Mietzins haften.

Für ein Gerichtsverfahren müssen Sie eine Frist beachten!

Wollen Sie ein Verfahren einleiten, weil Ihr Vermieter Sie nicht aus dem Mietverhältnis entlassen hat, achten Sie darauf, dass Sie hierfür eine Frist von maximal einem Jahr nach Rechtskraft der Ehescheidung haben. Gemäß § 12 HausratsVO gilt nämlich, dass das Gericht nur dann in die Rechte des Vermieters eingreifen darf, wenn der Antrag binnen eines Jahres nach Rechtskraft des Scheidungsurteils gestellt wird oder der Vermieter einverstanden ist. ◂

Dienst- oder Werkswohnung

Haben Sie und Ihre Frau in einer Dienst- oder Werkswohnung gelebt, die Ihnen Ihr Arbeitgeber zur Verfügung gestellt hat, können die Gerichte die Wohnung Ihrer dort nicht beschäftigten Frau nur zuweisen, wenn Ihr Arbeitgeber damit einverstanden ist. Haben Sie und Ihre Frau ein Arbeitsverhältnis mit dem Wohnungsinhaber, beispielsweise als Hausmeisterehepaar, behält derjenige die Wohnung, der das Arbeitsverhältnis fortsetzt.

Wie wirkt sich die Scheidung auf meine Rente aus?

Versorgungsausgleichsverfahren

Im so genannten Versorgungsausgleichsverfahren werden die von Ihnen und Ihrer Ehefrau während der Ehe angesammelten Rentenanwartschaften, Pensionsansprüche, Ansprüche aus einer betrieblichen Altersversorgung, mit anderen Worten, sämtliche Anwartschaften oder Aussichten auf eine Versorgung wegen Alters und Berufs- oder Erwerbsunfähigkeit, ausgeglichen. Dieses Verfahren wird vom Gericht automatisch eingeleitet, wenn Sie einen Scheidungsantrag stellen.

Wie funktioniert der Versorgungsausgleich?

Der Versorgungsausgleich ist eigentlich eine Sonderform des Zugewinnausgleichs. Die vom Versorgungsausgleich erfassten Vermögenswerte werden ausschließlich gemäß der besonderen Vorschriften der §§ 1587 ff. BGB gewertet und ausgeglichen. Vermögenswerte, die dem Versorgungsausgleich unterliegen, bleiben deshalb beim Zugewinnausgleich unberücksichtigt.

Was fällt unter den Versorgungsausgleich?

Renten oder Rentenanwartschaften

Bei diesem Verfahren spielen vor allem die Renten oder Rentenanwartschaften aus der gesetzlichen Rentenversicherung eine Rolle. Dies betrifft also alle Pflichtversicherten, die der Sozialversicherungspflicht unterliegen, insbesondere Arbeiter, Angestellte, Seeleute und Bergleute.

Ferner fallen unter den Versorgungsausgleich die bereits gewährten Versorgungen oder Versorgungsanwartschaften aus einem öffentlich-rechtlichen Dienstverhältnis oder aus einem Arbeitsverhältnis mit Anspruch auf Versorgungen nach beamtenrechtlichen Vorschriften oder Grundsätzen. Dazu zählen vor allem die Pensionen von Beamten, Richtern auf Lebenszeit, Berufs- und Zeitsoldaten sowie sonstigen Personen, die in einem auf Lebenszeit begründeten öffentlich-rechtlichen Arbeitsverhältnis stehen, das einem beamtenrechtlichen Arbeitsverhältnis gleichgestellt ist, das heißt also kommunale Wahlbeamte, Professoren, Bundes- und Landesminister, Abgeordnete von Bundestag und Landtagen.

Betriebliche Altersversorgung

Außerdem sind alle Leistungen, Anwartschaften oder Aussichten auf Leistungen der betrieblichen Altersversorgung ausgleichspflichtig. Viele, insbesondere größere Unternehmen haben eine betriebliche Altersversorgung für ihre Belegschaft geschaffen. Je nach Dauer der Betriebszugehörigkeit erwerben die Mitarbeiter des Unternehmens zusätzlich zur normalen Rente weitere Anwartschaften.

Diese betrieblichen Altersversorgungsansprüche werden allerdings nur dann im Versorgungsausgleichsverfahren berücksichtigt, wenn sie bereits „unverfallbar" sind. Diese Voraussetzung dafür ist dann erfüllt, wenn der berechtigte Ehegatte mindestens 35 Jahre alt ist und zehn Jahre dem Betrieb angehört.

Experten-Tipp

Zusatzversorgung im öffentlichen Dienst

Für alle Angestellten und Arbeiter im öffentlichen Dienst haben die öffentlichen Arbeitgeber zusätzlich zur Grundversorgung in der gesetzlichen Rentenversicherung eine weitere Versorgungsleistung geschaffen, nämlich die Zusatzversorgung im öffentlichen Dienst. Diese soll sicherstellen, dass sich die Gesamtversorgung im Ruhestand zum letzten Einkommen etwa so verhält wie beim Beamten dessen Ruhegehalt zum Gehalt.

Berufsständische Versorgungswerke

Alle anderen Renten oder ähnliche, regelmäßig wiederkehrende Leistungen, die der Versorgung im Alter und bei Berufs- oder Erwerbsunfähigkeit dienen, sind beim Versorgungsausgleich ebenfalls zu berücksichtigen. Beispiele hierfür sind in erster Linie Leistungen aus den berufsständischen Versorgungswerken der Ärzte, Rechtsanwälte oder Architekten.

Auch Renten oder Rentenanwartschaften aus einem privat abgeschlossenen Versicherungsvertrag unterliegen dem Versorgungsausgleich. Lebensversicherungsverträge, bei denen der Versicherte ein Wahlrecht zwischen der Kapitalleistung und der Verrentung hat, fallen allerdings nur dann darunter, wenn der Versicherte sich für die Rentenleistungen entschieden hat und dies im Verlaufe des Scheidungsverfahrens nicht widerruft.

Wenn Sie oder Ihre Frau während der Ehezeit im Ausland beschäftigt waren

Auch im Ausland erworbene Anwartschaften oder Aussichten können unter den Versorgungsausgleich fallen. Sind Sie oder Ihre Ehefrau während der Ehezeit bei einem ausländischen Unternehmen beschäftigt gewesen, sollten Sie in jedem Fall Ihren Anwalt darüber unterrichten! ◂

Ausgeglichen werden im Versorgungsausgleichsverfahren nur die während der Ehe erworbenen Anwartschaften und Aussichten. Als Ehezeit gilt hierbei nach § 1587 Abs. 2 BGB sinngemäß die Zeit vom Beginn des Monats, in dem die Ehe geschlossen worden ist, bis zum Ende des Monats, der dem Eintritt der Rechtshängigkeit des Scheidungsantrags vorausgeht.

Ehezeit im Sinne des Versorgungsausgleichs

Die Eheleute Meier haben am 10.5.1991 geheiratet. Der Scheidungsantrag des Ehemanns geht am 25.10.2000 bei Gericht ein und wird Frau Meier am 23.11.2000 zugestellt. Rechtshängig wird ein Scheidungsantrag nicht zu dem Zeitpunkt, zu dem er bei Gericht eingeht, sondern erst zu dem Zeitpunkt, zu dem er dem anderen Ehegatten zugestellt wird. Die für die Berechnung des Versorgungsausgleichs maßgebliche Ehezeit der Eheleute Meier ist also der Zeitraum vom 1.5.1991 bis 31.10.2000. ◂

Wie wird der Versorgungsausgleich durchgeführt?

„Brutto-Arbeitsentgelt-bescheinigung"

Das Verfahren über den Versorgungsausgleich ist das einzige, das zwingend im Verbund mit dem Ehescheidungsverfahren steht. Sobald der Scheidungsantrag rechtshängig ist, erhalten Sie deshalb vom Gericht oder von Ihrem Anwalt eine Vielzahl von Formularen, von denen Sie einen Teil ausfüllen müssen. Es handelt sich hierbei um den Fragebogen V 1, Anträge auf Kontenerklärung für die Bundesversicherungsanstalt für Angestellte (BfA) oder für die jeweiligen Landesversicherungsanstalten der Arbeiter, sowie ein Formular „Brutto-Arbeitsentgeltbescheinigung", welches von Ihrem Arbeitgeber auszufüllen ist. Den Antrag auf Feststellung der Kindererziehungszeiten muss derjenige ausfüllen, der die Kinder großgezogen hat.

To Do

Lassen Sie sich beim Ausfüllen der Formulare helfen!

Jede Stadt und Gemeinde beziehungsweise jeder Landkreis hat ein Renten- und/oder Versicherungsamt, das Sie über die betreffende Stadt-, Gemeinde- oder Kreisverwaltung erreichen. Diese Ämter sind Ihnen beim Ausfüllen der Formulare behilflich. Nutzen Sie dieses Angebot, damit Ihnen keine Fehler unterlaufen. Vereinbaren Sie vorher telefonisch einen Termin, und fragen Sie vorab nach, welche Unterlagen Sie mitbringen müssen. Normalerweise ist der „Formularkram" dann in weniger als einer Stunde erledigt.

Fragebogen V 1

Den Fragebogen V 1 erhalten Sie in mehrfacher, meistens vierfacher Ausfertigung. Reichen Sie diesen Antrag auch vierfach an Ihren Anwalt zurück. Ein Exemplar benötigt er selbst, drei Exemplare bekommt das Gericht – eins für sich, eins für die Gegenseite, eins für den Versicherungsträger.
Wenn Sie den von Ihrer Frau ausgefüllten Fragebogen V 1 übersandt erhalten, prüfen Sie bitte sorgfältig, ob die Eintragungen zutreffend sind. Sollte eine Angabe nicht korrekt sein oder fehlen, informieren Sie sofort Ihren Anwalt, damit er dies dem Gericht mitteilen kann.

Zahlen und Daten

Das Gericht leitet nun die Unterlagen an die Versicherungsträger weiter. Nach einer Bearbeitungszeit von gegenwärtig etwa drei bis vier Monaten erteilen sie Auskunft über den Anteil der Renten oder der Anwartschaften, die auf die Ehezeit entfallen. Diese Auskunft umfasst mehrere Anlagen, die eine Menge von Zahlen und Daten enthalten. Wenn Ihr Anwalt Ihnen diese Unterlagen zugeleitet hat, schauen Sie als Erstes nach, ob die auf Seite 1 angegebene Ehezeit zutreffend ist. Oftmals geschehen hier Übermittlungsfehler zwischen dem Gericht und dem Versicherungsträger.

Beschäftigungs- und Ersatzzeiten

Anschließend prüfen Sie den Versicherungsverlauf daraufhin, ob die dort angegebenen Beschäftigungs- und Ersatzzeiten korrekt erfasst sind. Schauen Sie sich auch die von dem Rentenversicherer erteilte Auskunft genauer an. Sie finden in einer der Anlagen den so genannten Versicherungsverlauf. Dieser weist für bestimmte Zeiträume entweder Beschäftigungszeiten oder Ersatzzeiten aus. Vergleichen Sie zuerst die dort angegebenen Beschäftigungszeiten mit den Zeiten, in denen Sie oder Ihre Ehefrau gearbeitet haben. Stimmen diese überein, ist das schon mal gut. Wenn dann innerhalb der Ehezeit so genannte Ersatzzeiten ausgewiesen sind, kann es sich hierbei um Kindererziehungs-, Studien, Wehrdienst- oder auch Zeiten der Arbeitslosigkeit handeln. Überprüfen Sie, ob die angegeben Zeiträume für Sie nachvollziehbar sind. Die Aufzählung der Ersatzzeiten ist nicht endgültig, erkundigen Sie sich im Zweifel bei Ihrem Anwalt. Entdecken Sie hier irgendwelche Fehler, teilen Sie dies umgehend ihm oder dem Gericht mit.

To Do

Lesen Sie die Auskunft des Versicherungsträgers gründlich durch!

Es ist allgemein bekannt, dass die Auskünfte der Versicherungsträger unübersichtlich und kaum verständlich sind. Lassen Sie sich davon aber nicht abhalten, sie trotzdem sorgfältig zu prüfen, denn auch im Versorgungsausgleich geht es um viel Geld. Die Begründung von monatlichen Rentenanwartschaften in Höhe von etwa 25 Euro erfordert derzeit Einzahlungen in Höhe von ungefähr 5.000 bis 6.000 Euro.

Wenn Sie oder Ihre Frau Rechte aus einer betrieblichen Altersversorgung haben, überprüfen Sie auf der entsprechenden Auskunft des Arbeitgebers das Eintrittsdatum und den voraussichtlichen Rentenbeginn. Falsche Daten melden Sie wieder sofort entweder Ihrem Anwalt oder dem Gericht.

Komplizierte Berechnungsmethoden

Bestimmte Anwartschaften oder Aussichten müssen nach komplizierten Berechnungsmethoden vergleichbar gemacht werden. Dies betrifft insbesondere die Anwartschaften oder Aussichten aus einer betrieblichen Altersversorgung. Erkundigen Sie sich bitte gegebenenfalls bei Ihrem Anwalt danach. Die meisten im Familienrecht tätigen Anwälte haben Softwareprogramme, mit denen sie diese Umrechnungen selbst vornehmen und überprüfen können, ob die Berechnungen des Gerichts zutreffend sind.

Wenn schließlich alle notwendigen Papiere vorliegen und die Berechnungen vorgenommen sind, führt das Gericht den Versorgungsausgleich durch. Dies geschieht je nach Art der erworbenen Anwartschaften oder Aussichten auf unterschiedliche Weise.

Rentensplitting

Praxis-Beispiel

Beide Ehegatten sind Angestellte

Die Eheleute Müller waren während ihrer Ehe beide als Angestellte in einem großen Unternehmen beschäftigt. Herr Müller hat während der Ehe Rentenanwartschaften in Höhe von 1.000 Euro, Frau Müller in Höhe von 500 Euro erworben.

Rentensplitting

Der Ausgleich der Rentenanwartschaften erfolgt bei den Müllers durch das so genannte Rentensplitting. Dabei wird die Hälfte der Differenz zwischen den jeweils von den Ehegatten erworbenen Rentenanwartschaften von dem Rentenkonto desjenigen, der höhere Anwartschaften erworben hat, auf das Rentenkonto desjenigen, der niedrigere erworben hat, übertragen. Bei den Müllers beläuft sich die Hälfte der Differenz auf 250 Euro, diese Summe wird also beim Versorgungsausgleich auf das Konto von Frau Müller übertragen. Diese Anwartschaften werden in Entgeltpunkte umgerechnet – eine Recheneinheit im Rentenversicherungsrecht. Wie viel Euro ein Entgeltpunkt wert ist, wird jährlich neu festgelegt. Der Wert richtet sich nach dem durchschnittlichen Nettoeinkommen aller Arbeitnehmer. Derzeit (Stand 1/2002) entspricht ein Entgeltpunkt einer monatlichen Rente von 25,31 Euro (West) beziehungsweise 22,06 Euro (Ost). Wenn Sie auf Ihrem Rentenkonto also 35,604567 Entgeltpunkte haben, entspricht dies einer Rente von 901,15 Euro (West) beziehungsweise 785,44 Euro (Ost) pro Monat.

Das Rentensplitting wird ebenfalls angewendet, wenn einer der Ehegatten bisher kein Rentenkonto bei einem Versicherungsträger hatte, weil er niemals berufstätig gewesen ist. In diesen Fällen wird für den ausgleichsberechtigten Ehegatten ein eigenes Rentenkonto eröffnet, auf das die Anwartschaften eingezahlt werden.

Quasi-Splitting

Praxis-Beispiel

Der Ehemann ist Beamter, die Ehefrau Angestellte

Herr Meier war während der Ehezeit als Beamter tätig. Seine Frau war in einem Unternehmen angestellt. Herr Meier hat Anwartschaften auf eine Altersversorgung aus einer Beamtenversorgung erworben, Frau Meier Rentenanwartschaften in der gesetzlichen Rentenversicherung. ◄

Versorgungsausgleichsbetrag

Der Versorgungsausgleich erfolgt in diesem Fall über das Quasi-Splitting: Der Versorgungsträger von Herrn Meier zahlt an den Versorgungsträger der ausgleichsberechtigten Ehefrau den vom Gericht festgestellten Versorgungsausgleichsbetrag. Dieser Betrag wird dem Rentenkonto von Frau Meier gutgeschrieben. Auch beim Quasi-Splitting wird für den ausgleichsberechtigten Ehegatten ein Rentenkonto eingerichtet, wenn er bisher noch keines hatte.

Realteilung

Gesetzliche Rentenanwartschaft und private Rentenversicherung

Praxis-Beispiel

Herr Kaiser hat zusätzlich zu seinen gesetzlichen Rentenanwartschaften eine private Rentenversicherung abgeschlossen, aus der er ab dem 65. Lebensjahr monatliche Zusatzzahlungen erhalten wird. Frau Kaiser hat keine Rentenanwartschaften erworben.

Zusätzliche Ansprüche

Bestehen außer den Anwartschaften aus der gesetzlichen Rentenversicherung oder der Beamtenversorgung weitere Ansprüche auf Altersversorgung, wie betriebliche Altersversorgung oder private Renten- oder Lebensversicherungen auf Rentenbasis, so sind diese zusätzlichen Ansprüche grundsätzlich durch Realteilung auszugleichen. Das bedeutet, dass bei dem Träger der zusätzlichen Altersversorgung zu Gunsten des ausgleichsberechtigten Ehegatten ein selbstständiger Anspruch in Höhe des vom Gericht festgestellten Versorgungsausgleichs begründet wird. Der Anspruch wird deshalb als selbstständig bezeichnet, weil der Ausgleichsberechtigte ihn unmittelbar gegenüber dem Träger der zusätzlichen Altersversorgung geltend machen kann und nicht darauf angewiesen ist, dass der ausgleichsverpflichtete Ehegatte dies tut, wie es bei einem unselbstständigen Anspruch der Fall wäre.
Da diese Vorgehensweise für die Träger der zusätzlichen Altersversorgung einen erheblichen Verwaltungsaufwand bedeutet, haben die meisten Träger von der gesetzlichen Möglichkeit, die Realteilung auszuschließen, Gebrauch gemacht. Wenn dies der Fall ist, greifen Sonderregelungen.

Analoges Quasi-Splitting

Altersversorgung über ein berufsständisches Versorgungswerk

Praxis-Beispiel

Herr Doktor Koenigs ist niedergelassener Allgemeinmediziner. Seine Altersversorgung erfolgt über das Versorgungswerk der Ärzte. Hat Frau Koenigs an den dort erworbenen Anwartschaften teil?

Viele Selbstständige und Freiberufler sind Mitglied in berufsständischen Versorgungswerken, die für bestimmte Berufsgruppen eine eigene Altersversorgung aufgebaut haben. Dies trifft insbesondere auf Ärzte, Apotheker, Rechtsanwälte und Architekten zu. Die meisten dieser Versorgungsträger sehen eine Realteilung der vorhandenen Anwartschaften nicht vor.

Quasi-Splitting

Der Versorgungsausgleich erfolgt in diesen Fällen auf dem Wege des analogen Quasi-Splittings. Dies bedeutet, dass der berufsständische Versorgungsträger genau wie der Versorgungsträger bei Beamten einen bestimmten Geldbetrag an den Versorgungsträger des ausgleichsberechtigten Ehegatten zahlt. Damit werden Rentenanwartschaften auf dem Konto des Ausgleichsberechtigten begründet.

Sonderregelungen

Sämtliche Ansprüche auf Altersversorgung, die nicht auf den bisher dargestellten Wegen ausgeglichen werden können, unterliegen grundsätzlich dem schuldrechtlichen Versorgungsausgleich (s. Seite 125). Es gibt jedoch eine Ausnahme, die im Folgenden besprochen wird.

Praxis-Beispiel

Ausschluss der Realteilung

Herr Müller ist 40 Jahre alt und seit 15 Jahren im gleichen Unternehmen tätig. Dieses Unternehmen gewährt seinen Mitarbeitern eine betriebliche Altersversorgung, so auch Herrn Müller. Der Träger der betrieblichen Altersversorgung hat die Realteilung ausgeschlossen.

Ausgleichsbetrag

Für Anwartschaften aus der betrieblichen Altersversorgung, die zum Zeitpunkt der letzten Verhandlungen über den Scheidungsantrag vor Gericht unverfallbar sind, gilt neben dem schuldrechtlichen Versorgungsausgleich eine Ausnahmeregelung. Nicht verfallen können Ansprüche aus der betrieblichen Altersversorgung, wenn der verpflichtete Ehegatte das 30. Lebensjahr vollendet hat und mindestens fünf Jahre Betriebszugehörigkeit aufweisen kann. In diesem Fall bezieht das Familiengericht den Ausgleich der Anwartschaften mit in den normalen Versorgungsausgleich ein.
Mithilfe komplizierter Formeln – die hier nicht näher dargestellt werden – wird zunächst der Anteil an der betrieblichen Altersversorgung, der auf die Ehezeit entfällt, errechnet und so der gesetzlichen Rentenversicherung vergleichbar gemacht. Dann kann das Gericht den Ausgleichsbetrag ermitteln.

Dieser Betrag wird auf das Rentenkonto des ausgleichsberechtigten Ehegatten übertragen – und zwar zusätzlich zu den sowieso zu übertragenden Rentenanwartschaften.

Praxis-Beispiel

Die gesetzlichen Rentenanwartschaften werden gekürzt

Herr Müller muss seiner Ehefrau Rentenanwartschaften in Höhe von 250 Euro übertragen. Außerdem ist er aufgrund seiner betrieblichen Altersversorgung in Höhe von weiteren 25 Euro gegenüber seiner Ehefrau ausgleichspflichtig. Normalerweise würde nun im Wege der Realteilung beim Versorgungsträger der betrieblichen Altersversorgung zu Gunsten von Frau Müller ein Versorgungsanspruch in Höhe von 25 Euro begründet.

Da der Versorgungsträger die Realteilung aber zulässigerweise ausgeschlossen hatte, überträgt das Familiengericht in diesem Fall die weiteren Rentenanwartschaften in Höhe von 25 Euro vom Rentenkonto Herrn Müllers beim Träger der gesetzlichen Rentenversicherung auf das Rentenkonto von Frau Müller beim Träger der gesetzlichen Rentenversicherung. Letztlich verbleibt deshalb Herrn Müller die betriebliche Altersversorgung ungekürzt, nur seine gesetzlichen Rentenanwartschaften sind eben um den Betrag von 25 Euro vermindert. Aber wie schon gesagt: So wird nur vorgegangen, wenn es sich bei der auszugleichenden Anwartschaft um eine unverfallbare betriebliche Altersversorgung handelt! ◂

Bestimmte Höchstbeträge

Im Rahmen des Versorgungsausgleichs können immer nur bestimmte Höchstbeträge dem Rentenkonto des ausgleichsberechtigten Ehegatten gutgeschrieben werden. Es kann aber vorkommen, insbesondere bei üppigen betrieblichen Altersversorgungen, dass diese Höchstbeträge überschritten würden. In einem solchen Fall muss der ausgleichsverpflichtete Ehegatte zu Gunsten des anderen Ehegatten Rentenanwartschaften in entsprechender Höhe begründen, indem er einen Beitrag an den Träger der gesetzlichen Rentenversicherung zahlt.

Experten-Tipp

Schließen Sie für Ihre Frau eine Lebensversicherung mit Rentenwahlrecht ab!

Die Begründung von Rentenanwartschaften in der gesetzlichen Rentenversicherung ist in der Regel nicht nur unlukrativ für den Berechtigten, sondern vor allem teuer für den Verpflichteten. Derzeit kostet es in den alten Bundesländern etwa 5.374 Euro, wenn Sie monatliche Rentenanwartschaften in Höhe von 25 Euro begründen wollen.

Lebensversicherung mit Rentenwahlrecht

Stellt sich im Verlauf des Versorgungsausgleichsverfahrens heraus, dass Sie gegebenenfalls verpflichtet sein könnten, durch Beitragszahlung Rentenanwartschaften auf dem Rentenkonto Ihrer Ehefrau zu begründen, sollten Sie sich mit Ihrer Frau einigen, dass Sie stattdessen eine Lebensversicherung mit Rentenwahlrecht für sie abschließen. Auf diese Weise schlagen Sie mehrere Fliegen mit einer Klappe. Wenn Sie bei einer privaten Versicherungsgesellschaft eine monatliche Rentenzahlung von 25 Euro durch eine Einmalzahlung begründen wollen, kostet Sie das erfahrungsgemäß nur drei Viertel des Betrags, den Sie für eine gleich hohe monatliche Zahlung in der gesetzlichen Rentenversicherung aufwenden müssten. Zum anderen hat Ihre Ehefrau den Vorteil, dass sie nach aller Erfahrung bei einer privaten Versicherung durch die Beteiligung am Überschuss monatlich mehr erhält, als dies in der gesetzlichen Rentenversicherung der Fall wäre, insbesondere angesichts der bekannten Diskussion um die gesetzliche Rentenversicherung. ◄

Schuldrechtlicher Versorgungsausgleich

Monatlicher Betrag

Alle anderen Ansprüche bezüglich einer Altersversorgung, also vor allem noch nicht unverfallbare betriebliche Altersversorgungen, private Rentenversicherungen oder Lebensversicherungen auf Rentenbasis, werden über den schuldrechtlichen Versorgungsausgleich ausgeglichen. Bei dieser Methode müssen Sie als ausgleichsverpflichteter Ehegatte Ihrer Frau monatlich einen bestimmten Betrag zahlen, der durch das Gericht entsprechend den sonstigen Regelungen zum Versorgungsausgleich festgesetzt wird.

Auffangfunktion

Der schuldrechtliche Versorgungsausgleich erfüllt eine Auffangfunktion. Auf ihn wird immer nur dann zurückgegriffen, wenn der Ausgleich durch kein anderes Verfahren hergestellt werden kann. Der Berechtigte wird beim schuldrechtlichen Versorgungsausgleich schlechter gestellt als bei allen anderen Formen des Versorgungsausgleichs, bei denen immer zu Gunsten des Berechtigten ein eigener Anspruch gegen den Versorgungsträger begründet wird. Beim schuldrechtlichen Versorgungsausgleich hingegen entsteht nur ein Anspruch gegen den anderen Ehegatten. Ist dieser zu dem Zeitpunkt, zu dem der berechtigte Ehegatte Leistungen aus dem schuldrechtlichen Versorgungsausgleich erhalten müsste, beispielsweise nicht zahlungsfähig, so geht der berechtigte Ehegatte leer aus.

Verlängerter schuldrechtlicher Versorgungsausgleich

Sollten Sie Leistungen aus dem schuldrechtlichen Versorgungsausgleich beanspruchen können, diese aber zum Beispiel nicht durchsetzen können, weil Ihre Frau bereits verstorben ist, lassen Sie sich von Ihrem Anwalt über die Voraussetzungen und Möglichkeiten des so genannten verlängerten schuldrechtlichen Versorgungsausgleichs beraten. In bestimmten Ausnahmefällen erhält der Berechtigte nämlich eine Ausgleichsrente vom Versorgungsträger seines Ehegatten.

Kann ich den Versorgungsausgleich ausschließen?

Drei Möglichkeiten

Es gibt insgesamt drei Möglichkeiten, den Versorgungsausgleich auszuschließen. Zwei davon setzen voraus, dass die Ehegatten sich über den Ausschluss einig sind. Mit der dritten Alternative kann ein Ehegatte in bestimmten Fällen auch gegen den Willen des anderen den Ausschluss des Versorgungsausgleichs gerichtlich erzwingen.

Sie und Ihre Frau einigen sich über den Ausschluss

Der Versorgungsausgleich wurde vertraglich ausgeschlossen

Die Eheleute Keller haben kurz nach ihrer Eheschließung notariell einen Ehevertrag beurkunden lassen, der den Versorgungsausgleich ausschließt. Nach zehnjähriger Ehe stellt Herr Keller den Scheidungsantrag.

Gemäß § 1408 Abs. 2 BGB können Ehegatten in einem Ehevertrag durch eine ausdrückliche Vereinbarung den Versorgungsausgleich ausschließen. Dieser Ausschluss kann unwirksam werden, wenn einer der Ehegatten innerhalb eines Jahres nach Vertragsschluss Antrag auf Scheidung der Ehe stellt. Mit diesem Zusatz soll verhindert werden, dass böse Zeitgenossen erst den Ausschluss des Versorgungsausgleichs vereinbaren und dann sofort – quasi aus heiterem Himmel – den Scheidungsantrag bei Gericht einreichen. Im Beispiel der Eheleute Keller ist deren Vereinbarung jedoch wirksam, so dass im Rahmen des Scheidungsverfahrens ausnahmsweise kein Versorgungsausgleich durchgeführt wird.

Praxis-Beispiel

Können wir den Versorgungsausgleich in der Scheidungsfolgenvereinbarung ausschließen?

Die Eheleute Schmitz haben sich getrennt und haben vor, sich scheiden zu lassen. Die Ehe hat nur drei Jahre gehalten, beide waren während der gesamten Zeit berufstätig und haben annähernd das gleiche Gehalt bezogen. In einer notariell beurkundeten Trennungs- und Scheidungsfolgenvereinbarung regeln die Ehegatten Zugewinn- und Unterhaltsfragen und schließen dabei den Versorgungsausgleich aus. Drei Monate später stellt Frau Schmitz dann den Scheidungsantrag. ◂

Wie bereits erläutert müsste diese Vereinbarung zwischen Herrn und Frau Schmitz eigentlich unwirksam sein, weil Frau Schmitz innerhalb eines Jahres nach Vertragsschluss bereits den Scheidungsantrag gestellt hat. In diesen Fällen greift jedoch § 1587 o BGB ein. Danach können die Ehegatten im Zusammenhang mit der Scheidung eine Vereinbarung über den Ausgleich von Anwartschaften oder Anrechten auf eine Versorgung wegen Alters oder Berufs- oder Erwerbsunfähigkeit schließen. Diese Vereinbarung kann auch zum Gegenstand haben, dass die Ehegatten den Versorgungsausgleich ausschließen. Eine solche Vereinbarung muss aber vom Notar beurkundet und außerdem vom Familiengericht genehmigt werden. Dadurch soll verhindert werden, dass ein Ehegatte den anderen unter Druck setzt und zur Unterschrift zwingt.

Kein angemessener Ausgleich

Die Genehmigung wird das Gericht nur verweigern, wenn die vereinbarte Leistung nicht ausreicht, um den eigentlich ausgleichsberechtigten Ehegatten im Alter oder bei Erwerbsunfähigkeit abzusichern, oder wenn kein angemessener Ausgleich unter den Ehegatten erreicht wird. Im Fall der Eheleute Schmitz wird das Gericht die Vereinbarung genehmigen, da nicht zu erwarten ist, dass der Versorgungsausgleich ein anderes Ergebnis bringen wird, weil ja Herr und Frau Schmitz etwa gleich hohe Anwartschaften während der Ehezeit erworben haben.

Sie und Ihre Frau einigen sich nicht über den Ausschluss

Für den Fall, dass sich die Eheleute über einen Ausschluss des Versorgungsausgleichs nicht einig sind, hat der Gesetzgeber in § 1587 c BGB eine Möglichkeit geschaffen, den Ausgleich auch gegen den Willen eines Ehegatten nicht durchzuführen. Nach diesem Paragraphen findet der Ausgleich der Anwartschaften nicht statt, wenn

- der Ausgleich für den Verpflichteten eine grobe Unbilligkeit darstellen würde,
- der Berechtigte im Hinblick auf die bevorstehende Scheidung Handlungen vorgenommen hat, durch die seine Anwartschaften verringert wurden oder gar nicht erst entstanden sind,
- der Berechtigte seine Verpflichtung, zum Familienunterhalt beizutragen, gründlich verletzt hat.

Praxis-Beispiel

Ist der Versorgungsausgleich unbillig?

Herr Doktor Koenigs ist von der Mitgliedschaft im Versorgungswerk der Ärzte befreit, da er bereits mit diversen Lebensversicherungen für sein Alter vorgesorgt hatte, als diese Institution eingerichtet wurde. Als er seine Frau geheiratet hat, vereinbarte er im Hinblick auf sein sonstiges Vermögen mit ihr die Gütertrennung.

Während der Zeit der Ehe hat Doktor Koenigs noch ein Mehrfamilienhaus erworben, um im Alter auch von den Mieteinnahmen leben zu können. Darüber hinaus hat er selbstverständlich weiter in die Lebensversicherungen eingezahlt. Frau Koenigs war während der Ehe bei ihrem Mann angestellt und hat in dieser Zeit Rentenanwartschaften in der gesetzlichen Rentenversicherung erworben. ◀

Häufiger Fall

Dieses Beispiel gehört zu den häufigsten Fällen, in denen der § 1587 c BGB angewendet wird: Der Ausgleichsberechtigte – hier also Herr Doktor Koenigs – ist während der Ehezeit selbstständig gewesen und hat deshalb keine auszugleichenden Anwartschaften in den gesetzlichen Rentenversicherungen oder den berufsständischen Versorgungswerken zum Beispiel der Ärzte oder Rechtsanwälte erworben. Andererseits hat er aber für sein Alter vorgesorgt, indem er Lebensversicherungen abgeschlossen und Immobilienvermögen erworben hat. Der andere Ehegatte – also Frau Koenigs – hingegen ist abhängig beschäftigt gewesen und hat Rentenanwartschaften in der gesetzlichen Rentenversicherung erworben. Oftmals schließen Ehepaare in solchen Situationen den Zugewinnausgleich für den Fall der Scheidung durch einen Ehevertrag aus.

Geringere Altersvorsorge

Bei einer Konstellation wie bei den Eheleuten Koenigs aus dem Praxisbeispiel würde ein Versorgungsausgleich dazu führen, dass Frau Koenigs als der weniger verdienende Ehegatte mit geringerer Altersvorsorge gegenüber ihrem Mann, der seine Altersvorsorge aus seinem Vermögen bestreiten kann, trotzdem ausgleichspflichtig wäre. In diesen Fällen kann nun der eigentlich ausgleichsverpflichtete Ehegatte beantragen, dass ein Versorgungsausgleich nicht stattfindet, weil dieser grob unbillig wäre. Frau Koenigs hat dementsprechend gute Aussichten, von ihren erworbenen Rentenanwartschaften nichts abgeben zu müssen.

To Do

Sprechen Sie mit Ihrem Anwalt über Unbilligkeit, die Sie beim Versorgungsausgleich vermuten!

Sollten Sie der Meinung sein, dass in Ihrem Fall die Durchführung des Versorgungsausgleichs grob unbillig wäre, legen Sie Ihrem Anwalt sämtliche Umstände dar, die diese Auffassung begründen. Da der Rechtsbegriff der groben Unbilligkeit den Richtern einen Beurteilungsspielraum lässt, kann letztlich nur Ihr Anwalt, der den Richter kennt, eine Prognose treffen, ob in Ihrem Fall Aussicht auf Erfolg besteht. ◂

Ist der Versorgungsausgleich endgültig, wenn das Urteil rechtskräftig ist?

Das Gerichtsurteil über den Versorgungsausgleich muss nicht unbedingt endgültig sein. Es gibt viele denkbare Sachverhalte, die zwischen dem Urteil und dem Beginn der Versorgungsleistungen eintreten und eine Abänderung der rechtskräftigen Entscheidung rechtfertigen können.

Praxis-Beispiel

Kann das Urteil über den Versorgungsausgleich im Nachhinein abgeändert werden?

Die Eheleute Kunz haben 1970 geheiratet. In den Jahren 1971 und 1973 haben sie zwei Kinder bekommen, die von der damals nicht berufstätigen Frau Kunz erzogen worden sind. Im Jahr 1983 hat sich Frau Kunz von ihrem Ehemann getrennt. Die Ehe wurde 1984 geschieden. ◂

Was geschieht mit nachträglichen Rentenanwartschaften?

Aktualität

Zugegeben: Der Beispielfall scheint nicht von brennender Aktualität zu sein. An ihm lässt sich aber sehr gut deutlich machen, wie viele rechtskräftige Entscheidungen über den Versorgungsausgleich, die bis Mitte der achtziger Jahre getroffen wurden, heute eigentlich abgeändert werden müssten. Denn Mitte der achtziger Jahre begann der Gesetzgeber, die Kindererziehung durch die Begründung von Rentenanwartschaften in der gesetzlichen Rentenversicherung ohne Beitragszahlung der Berechtigten zu fördern. Dabei galt die Regelung nicht nur für die Zukunft, vielmehr sind auch Mütter in den Genuss dieser Kindererziehungszeiten gekommen, deren Kinder zu diesem Zeitpunkt bereits erwachsen gewesen sind.

To Do

Lassen Sie den Versorgungsausgleich überprüfen, bevor Sie in Rente gehen!

Wenn Sie im Rahmen des Versorgungsausgleichsverfahrens Renten- oder Versorgungsanwartschaften an Ihre Ehefrau abtreten müssen, sollten Sie sich schon jetzt für den Monat, der Ihrem Eintritt in das Rentenalter vorausgeht, einen Termin mit Ihrem Anwalt eintragen.Mit anderen Worten ausgedrückt: Lassen Sie immer dann, wenn Sie im Versorgungsausgleichsverfahren Anwartschaften abgegeben haben, das Ergebnis spätestens vor Ihrem Eintritt ins Rentenalter überprüfen.

So sind nach Rechtskraft der Ehescheidung auch für Frau Kunz – um bei diesem Beispiel zu bleiben – wegen der Kindererziehung Rentenanwartschaften in der gesetzlichen Rentenversicherung begründet worden. Da dies aber erst nach der Ehescheidung geschah, konnte das Gericht diese Rentenanwartschaften nicht mit in den Versorgungsausgleich einbeziehen. Die Anwartschaften gehören aber in den Versorgungsausgleich, auch wenn sie erst nach Ende der Ehe begründet worden sind, da sie sich auf Zeiträume beziehen, die in der Ehezeit lagen, nämlich in den Jahren nach 1971 und 1973.

Hätte das Gericht diese Rentenanwartschaften von Frau Kunz berücksichtigt, wäre der von Herrn Kunz zu leistende Versorgungsausgleich geringer ausgefallen, da ja die Differenz zwischen den jeweiligen Rentenanwartschaften dann kleiner gewesen wäre.

Sie können sich nun selbst ausrechnen, in wie vielen Fällen Entscheidungen über den Versorgungsausgleich, die vor dieser Regelung hinsichtlich der Kindererziehungszeiten getroffen wurden, unter heutigen Gesichtspunkten tatsächlich falsch sind. Wenn Sie sich dies vor Augen führen und daran denken, wie viele Änderungen der Gesetzgeber in den vergangenen Jahren im Zusammenhang mit der Rente beschlossen hat, können Sie sich sicherlich vorstellen, dass es neben den Kindererziehungszeiten noch viele weitere Gründe gibt, weshalb frühere Entscheidungen über den Versorgungsausgleich inzwischen tatsächlich nicht mehr den Realitäten im Rentenrecht entsprechen.

Veränderungen

Aber Vorsicht: Es können auch bei Ihnen Veränderungen eingetreten sein, die es rechtfertigen würden, das Ergebnis des Versorgungsausgleichs zu Ihren Lasten abzuändern. Ein Grund hierfür wäre beispielsweise eine zum Zeitpunkt der Scheidung noch nicht unverfallbare betriebliche Altersversorgung, die zwischenzeitlich unverfallbar geworden ist und dementsprechend im Versorgungsausgleich berücksichtigt werden kann. Der Schuss kann also auch nach hinten losgehen! Lassen Sie sich daher von Ihrem Anwalt beraten, bevor Sie etwas unternehmen.

Was passiert beim Tod des früheren Ehepartners mit dem Versorgungsausgleich?

Praxis-Beispiel

Der frühere Ehepartner stirbt

Die Ehe von Herrn und Frau Schütz wurde im Jahre 1995 geschieden. Im Rahmen des Versorgungsausgleichs wurden vom Rentenkonto von Herrn Schütz Rentenanwartschaften in Höhe von 500 Euro – umgerechnet in Entgeltpunkte – auf das Rentenkonto von Frau Schütz übertragen. Frau Schütz, die im November 1999 das Rentenalter erreicht hätte, ist leider schon im Juli 1999 verstorben. Herr Schütz, der bereits seit 1998 in Rente ist, bezieht weiterhin seine um den Versorgungsausgleich verminderte Rente.

Für solche Fälle hat der Gesetzgeber das Gesetz zur Regelung von Härten im Versorgungsausgleich (VAHRG) geschaffen. Gemäß § 4 Abs. 1 dieses Gesetzes wird die Versorgung des Verpflichteten nicht aufgrund des Versorgungsausgleichs gekürzt, wenn der Berechtigte vor seinem Tod keine Leistungen aus den im Wege des Versorgungsausgleichs erworbenen Anwartschaften erhalten hat. Einfach ausgedrückt: Stirbt Ihre ausgleichsberechtigte Ehefrau vor Eintritt ins Rentenalter, sollten Sie als der Ausgleichsverpflichtete möglichst schnell einen Antrag stellen, dass die beim Versorgungsausgleich vorgenommenen Kürzungen wieder rückgängig gemacht werden.

Sonderfälle für Beamte

In § 4 Abs. 2 ist festgelegt, dass die aus dem Versorgungsausgleich resultierenden Kürzungen ganz oder teilweise rückgängig gemacht werden können, wenn der begünstigte Ehegatte weniger als zwei Jahre lang Rente bezieht, bevor er stirbt. Der dritte Absatz dieses Paragraphen behandelt Sonderfälle für Beamte, die nach Rechtskraft der Ehescheidung und des durchgeführten Versorgungsausgleichs aus dem Beamtenverhältnis ausgeschieden sind und deren Ehegatte stirbt, bevor er Leistungen aus der Rentenversicherung erhalten hat, oder nachdem er sie nur kurze Zeit bekommen hat. Sollte dies auf Sie zutreffen, sprechen Sie mit Ihrem Anwalt darüber.

Wie sieht der Versorgungsausgleich aus, wenn nur ein Ehepartner in Rente ist?

Praxis-Beispiel

Kürzung der Rente trotz Unterhaltszahlungen?

Herr Müller steht kurz vor Vollendung des 65. Lebensjahres. Aufgrund eines gerichtlichen Urteils muss er an seine Ehefrau auch viele Jahre nach der Scheidung immer noch einen monatlichen Unterhalt in Höhe von 150 Euro bezahlen. Umso mehr ärgert es ihn, dass seine Rente wegen des durchgeführten Versorgungsausgleichs monatlich um 300 Euro geringer ist. In dieser Höhe waren nämlich seiner Ehefrau Anwartschaften übertragen worden. ◂

Auch Herrn Müller kann geholfen werden. § 5 Abs. 1 VAHRG bestimmt, dass die Versorgung des Verpflichteten nicht aufgrund des Versorgungsausgleichs gekürzt wird, solange der Berechtigte aus dem im Versorgungsausgleich erworbenen Anrecht keine Rente erhalten kann und er gegen den Verpflichteten einen Anspruch auf Unterhalt hat oder nur deshalb nicht hat, weil der Verpflichtete zur Unterhaltsleistung wegen der auf dem Versorgungsausgleich beruhenden Kürzung seiner Versorgung außerstande ist.

Das heißt: Erhält derjenige, der im Versorgungsausgleich Rentenanwartschaften abgeben musste, eine Rente, während der andere Ehegatte noch nicht in Rente ist und gleichzeitig einen Unterhaltsanspruch hat, kann der Ausgleichspflichtige beantragen, dass seine Rente nicht gekürzt wird, solange der andere keine Rente bezieht. Dabei kommt es grundsätzlich nicht darauf an, ob der in Rente befindliche Ehegatte den Unterhaltsanspruch des anderen Ehegatten tatsächlich befriedigt. Selbst wenn er keine Zahlungen leisten kann oder gar der andere Ehegatte den Unterhalt nicht geltend macht, kann er beantragen, dass ihm seine Rente bis zum Renteneintritt des anderen Ehegatten ungekürzt gezahlt wird.

To Do

Informieren Sie sich beim Anwalt oder Rentenberater!

Sie haben gesehen, es gibt viele Gründe, den bei der Scheidung durchgeführten Versorgungsausgleich vor Ihrer Rente nochmals zu überprüfen. Sie können sich in dieser Sache außer an Ihren Anwalt auch an einen Rentenberater wenden. Die Telefonnummern und Adressen kann Ihnen Ihre Stadtverwaltung nennen.

Was geschieht mit gemeinsamen Schulden und Vermögen?

In diesem Kapitel erfahren Sie alles Notwendige darüber, wie Sie bei der Trennung mit einem gemeinsamen Girokonto umgehen sollten, was Sie bei der Rückzahlung von Krediten beachten müssen und was mit Ihrem Haus und den Versicherungen passiert. Außerdem können Sie hier nachlesen, was auf Sie zukommt, wenn Ihre Frau Schulden macht.

Gemeinsames Girokonto

Unser gemeinsames Konto ist überzogen – wie regeln wir das?

Zuerst einmal sollten Sie abklären, ob Sie tatsächlich ein gemeinsames Konto mit Ihrer Ehefrau haben. Es könnte nämlich sein, dass Sie in Wirklichkeit alleiniger Kontoinhaber sind und Ihre Ehefrau nur eine Kontovollmacht besitzt.

„Oder-Konto" oder „Und-Konto"

Haben Sie ein gemeinsames Konto, ist die nächste Frage, ob es sich hierbei um ein so genanntes „Oder-Konto" oder ein „Und-Konto" handelt. Der Unterschied besteht darin, dass bei einem Oder-Konto beide Kontoinhaber unabhängig voneinander über das Konto verfügen können, während bei einem Und-Konto die Kontoinhaber nur gemeinsam Verfügungen über das Konto treffen können.

Vorhandenes Guthaben

Wenn Sie und Ihre Ehefrau Inhaber eines Oder-Kontos sind, sollten Sie sich möglichst schnell mit Ihrer Frau über die Verteilung des eventuell vorhandenen Guthabens einigen. Die Bank ist nämlich berechtigt, an jeden der Kontoinhaber das gesamte Guthaben auszuzahlen. Hat Ihre Ehefrau erst einmal alles vom Konto abgehoben, wird es schwierig für Sie, dieses Geld beziehungsweise den Ihnen zustehenden Anteil wieder zu bekommen. In der besseren Position sind Sie selbstverständlich dann, wenn Sie als erster das vorhandene Guthaben sichern, indem Sie es beispielsweise auf ein von Ihnen neu eingerichtetes Konto überweisen. Dann können Sie sich in Ruhe mit Ihrer Ehefrau über die Verteilung einigen. Denken Sie auch daran, dass bei einem Oder-Konto die Bank jeden der Ehegatten in Anspruch nehmen kann, wenn das Konto im Soll steht, da sowohl Sie als auch Ihre Ehefrau gegenüber der Bank als Gesamtschuldner für die gesamte Schuld haften.

To Do

Widerrufen Sie Ihren Dispositionskredit!

Ist Ihnen und Ihrer Ehefrau für das Oder-Konto von der Bank ein Dispositionskredit eingeräumt worden, den Sie zum Zeitpunkt der Trennung noch nicht vollständig ausgeschöpft haben, sollten Sie sich umgehend mit Ihrem zuständigen Banksachbearbeiter in Verbindung setzen und ihn über die Trennung informieren. Fordern Sie ihn gleichzeitig auf, den eingeräumten Dispositionskredit aufzuheben. So können Sie mit ziemlicher Sicherheit verhindern, dass Ihre Frau mithilfe des Dispositionskredits nach der Trennung noch neue Schulden macht, für die Sie gegenüber der Bank haften müssten. ◀

Teilung des Solls

Befindet sich das gemeinsame Konto bei der Trennung im Soll, versuchen Sie mit Ihrer Frau und der Bank eine Teilung des Solls zu erreichen. Wenn dies geschehen ist, haften Sie nur noch für den auf Sie entfallenden Teil, nicht mehr für die gesamte Schuld. Die Bank trägt eine solche Lösung meist dann mit, wenn beide Ehegatten Einkommen erzielen.

Im Hinblick auf die Verteilung eines eventuell vorhandenen Guthabens gibt es die gesetzliche Vermutung, dass das Guthaben beiden Eheleuten je zur Hälfte zusteht. Diese Vermutung können Sie jedoch widerlegen. Haben Sie zum Beispiel kurz vor der Trennung ein Aktiendepot aufgelöst, welches ausschließlich auf Ihren Namen lief, und den Erlös auf dieses Konto überweisen lassen, können Sie den entsprechenden Anteil am Guthaben auf dem Konto beanspruchen.

Schadenersatzanspruch

Sind Sie und Ihre Ehefrau gemeinsam Inhaber eines Und-Kontos, dürften sich derartige Schwierigkeiten eigentlich nicht ergeben, da dann nur Sie beide gemeinsam über das Konto verfügen können. Beachtet Ihre Bank dies nicht und zahlt Ihrer Ehefrau allein das gesamte vorhandene Guthaben aus, können Sie Schadenersatzanspruch gegenüber der Bank erheben. Hinsichtlich der Verteilung des Guthabens gilt das Gleiche wie beim Oder-Konto.

Wenn Sie alleiniger Inhaber des Kontos sind und Ihrer Ehefrau nur eine Kontovollmacht eingeräumt haben, können Sie diese widerrufen, so dass Ihre Frau keine Möglichkeit mehr hat, über Ihr Konto zu verfügen.

Das müssen Sie beim Widerruf der Kontovollmacht beachten

Experten-Tipp

Wenn Sie die Vollmacht widerrufen, tun Sie dies gegenüber der Bank mit Einschreiben/Rückschein. So können Sie notfalls nachweisen, wann Sie den Widerruf erklärt haben. Sie können den Widerruf auch persönlich abgeben, dann lassen Sie sich aber auf einer Kopie des Briefs durch den Bankmitarbeiter be-stätigen, wann er dieses Schreiben von Ihnen erhalten hat. Es reicht nicht aus, wenn Sie die Vollmacht Ihrer Ehefrau gegenüber widerrufen. ◂

Rückzahlung

Hat Ihre Ehefrau bereits Geld von Ihrem Konto abgehoben, so ist für die Frage, ob Sie dieses Geld zurückverlangen können, entscheidend, was Ihre Frau damit gemacht hat. Hat sie Ausgaben und Schulden, die aus dem ehelichen Zusammenleben herrühren, getilgt, entspricht dies der Absicht, die Sie hatten, als Sie Ihrer Ehefrau die Vollmacht eingeräumt haben. In diesem Fall können Sie keine Rückzahlung verlangen. Hat Ihre Frau das abgehobene Geld allerdings für persönliche Bedürfnisse ausgegeben, die nichts mit dem ehelichen Leben zu tun haben, können Sie den Betrag zurückfordern.

Sorgen Sie bei einer Trennung auch für getrennte Konten

Experten-Tipp

Die Verfügungsmöglichkeiten Ihrer Frau über Ihre eigenen oder gemeinsame Konten sollten Sie sehr rasch beseitigen oder einschränken, wenn Sie beabsichtigen, sich zu trennen, oder von Ihrer Ehefrau über deren Trennungsabsicht informiert werden. Selbst wenn die Trennung einvernehmlich und anfangs unproblematisch verläuft, lässt sich gerade bei Scheidungsverfahren wegen der damit verbundenen Emotionen nie damit rechnen, dass der andere Ehegatte auch weiterhin rational denken und handeln wird. ◂

Wer muss die Raten für die laufenden Kredite zahlen?

Gesamtschuldner

Viele Ehepaare haben während der bestehenden Ehe gemeinsam Kredite aufgenommen. Wenn beide Ehegatten den Kreditvertrag als Darlehensnehmer unterzeichnet haben, haften sie gegenüber der Bank als Gesamtschuldner jeder für den vollen Betrag. Bezahlt werden die Kreditraten aber in der Regel nur von einem der Ehegatten. Oftmals ist es ja auch so, dass die

Ehefrau gar nicht berufstätig ist und dementsprechend kein eigenes Einkommen erzielt.

Verminderung der Unterhaltszahlungen

Sind Sie Ihrer Ehefrau gegenüber unterhaltspflichtig, sollten Sie die monatlichen Kreditraten ruhig weiterhin zahlen. Sie müssen allerdings darauf achten, dass der entsprechende Betrag bei der Berechnung des unterhaltsrelevanten Nettoeinkommens abgezogen wird. Dadurch vermindern sich die von Ihnen zu leistenden Unterhaltszahlungen.

Außerdem haben Sie gegenüber Ihrer Ehefrau aus dem so genannten Gesamtschuldnerausgleich heraus einen Anspruch darauf, die Hälfte der von Ihnen gezahlten Kreditraten erstattet zu bekommen. Von einem Gesamtschuldnerausgleich spricht der Jurist immer dann, wenn zwei oder mehrere Personen jeweils für die gesamte Schuld haften (hier für die Kreditraten), aber nur einer von ihnen die Schuld begleicht. Dann hat diese Person gegen die anderen einen Ausgleichsanspruch. Macht sie diesen geltend, spricht man vom so genannte Gesamtschuldnerausgleich.

Experten-Tipp

Ihre Frau muss sich an der Kreditrückzahlung beteiligen

Sie können allerdings den Unterhaltsanspruch Ihrer Ehefrau nicht einfach gegen den hälftigen Kreditbetrag aufrechnen! Diese Vorgehensweise verwehrt Ihnen das Gesetz. Es ist deshalb erforderlich, dass Sie sich mit Ihrer Ehefrau einigen. Ist dies nicht möglich, sind Sie gezwungen, den entsprechenden Betrag gerichtlich einzuklagen. Wenn Ihre Frau nicht freiwillig bezahlt, müssen Sie das Geld mithilfe einer Zwangsvollstreckung beitreiben lassen. ◂

Stetiger Schuldenberg

Auf keinen Fall sollten Sie die Zahlung der Kreditraten einfach einstellen, insbesondere dann nicht, wenn Sie der Alleinverdiener in der Ehe gewesen sind. So wächst nämlich bei der Bank ein stetiger Schuldenberg, den diese irgendwann gegen Sie geltend machen wird.

Wir sind hälftige Eigentümer unseres Hauses – wie wirkt sich das aus?

Die meisten Ehepaare, die ein Eigenheim besitzen, sind jeweils zur Hälfte Miteigentümer. Festgelegt ist dies entweder im notariellen Kaufvertrag oder im Grundbuch. Wenn Sie unsicher sind, überprüfen Sie die Eigentumsverhältnisse anhand dieser Belege.

Experten-Tipp

Einigen Sie sich mit Ihrer Frau gütlich über Ihr Haus!

Sind Sie und Ihre Ehefrau jeweils hälftige Miteigentümer an dem Haus, ist es ratsam, sich friedlich über die weitere Nutzung beziehungsweise den Verkauf des Objekts zu einigen. In allen anderen Fällen verlieren Sie Vermögen. ◂

Welche Lösung für Sie und Ihre Frau die beste ist, lässt sich nicht pauschal sagen, sondern muss im Detail geprüft werden. In den meisten Fällen, insbesondere wenn das Haus noch in erheblichem Umfang belastet ist, wird es jedoch am sinnvollsten sein, es zu verkaufen, da keiner der Ehegatten bei normalen Einkommensverhältnissen nach einer Scheidung in der Lage ist, die Zins- und Tilgungsleistungen zu erbringen. Die damit verbundenen Zinsausfallentschädigungen gegenüber der Bank müssen Sie notgedrungen in Kauf nehmen.

Sinnvolle Lösungen

Anders stellt sich die Situation dar, wenn das Haus abbezahlt oder nur noch mit einem geringen Betrag belastet ist. Dann können Sie und Ihre Frau versuchen, im gegenseitigen Einvernehmen sinnvolle Lösungen zu finden, die den Interessen aller Beteiligten gerecht werden. So ist es etwa denkbar, dass Sie Ihren Anteil an Haus und Grundstück auf Ihre Frau übertragen. Dies wird beim Zugewinnausgleich angerechnet, und Ihre Frau muss keine Ausgleichszahlung leisten. Dieser Weg hat zudem noch den positiven Aspekt, dass bei Ihrer Frau ein Wohnvorteil entsteht, der sich unterhaltsmindernd auf Sie selbst auswirkt.

Experten-Tipp

Der Gutachterausschuss schätzt zuverlässig den Wert von Haus und Grundstück

Wenn Sie den Wert Ihres Grundstücks mit dem Haus ermitteln wollen, bietet es sich an, damit den Gutachterausschuss, der bei allen Kreisen und kreisfreien Städten existiert, zu beauftragen. Die Gutachten dieses Ausschusses sind in der Regel preiswerter als die von öffentlich bestellten und vereidigten Sachverständigen, andererseits aber auch meistens genauer und sicherer als die Schätzungen von örtlichen Maklern. Insofern bieten diese Gutachten einen guten Kompromiss zwischen Kosten und Ergebnis. ◂

Manchmal bietet es sich auch an, das Haus auf die gemeinsamen Kinder zu überschreiben und dem betreuenden Ehegatten ein Wohnrecht einzuräumen, was wiederum Auswirkungen auf die Unterhaltszahlungen oder den Zugewinnausgleich haben kann.

Teilungsversteigerung

Ist es aber aus irgendwelchen Gründen Ihnen und Ihrer Ehefrau nicht gelungen, eine einvernehmliche Lösung zu finden, haben Sie immer noch die Möglichkeit, die an dem Grundstück bestehende Bruchteilsgemeinschaft durch eine Teilungsversteigerung aufzuheben. Einen entsprechenden Antrag können Sie bei dem Amtsgericht erstellen, in dessen Bezirk das Grundstück liegt.

Das Amtsgericht beauftragt daraufhin einen unabhängigen Sachverständigen mit der Ermittlung des Verkehrswerts des Grundstücks und des darauf stehenden Hauses. Anschließend wird das Haus an den Meistbietenden – der gegebenenfalls auch Sie selbst sein können – versteigert. Sie müssen allerdings damit rechnen, dass bei einer solchen Versteigerung der tatsächliche Wert nicht erreicht wird. Schlimmstenfalls kann das Grundstück mit dem Haus für die Hälfte des vom Sachverständigen festgestellten Wertes versteigert werden. Schon daran erkennen Sie, dass diese Lösung die schlechteste aller denkbaren Lösungen ist – zumindest, wenn Sie nicht in der Lage sind, das Haus selbst zu ersteigern!

Was wird aus unseren Versicherungen?

Hausratsversicherungen

Je nach Art der Versicherung sollten Sie verschiedene Punkte beachten. Bei Hausratsversicherungen endet der Versicherungsschutz bereits drei Monate nach dem Auszug aus der gemeinsamen Ehewohnung! Aber auch derjenige Ehegatte, der in der Ehewohnung geblieben ist, sollte sich zu diesem Zeitpunkt mit seinem Versicherungsberater besprechen. Da bei einer Trennung normalerweise der Hausrat aufgeteilt wird, sich also verringert, sollte auch die Versicherungssumme entsprechend gesenkt werden, so dass die zu zahlende Prämie niedriger wird.

Wenn Sie und Ihre Frau Lebensversicherungen abgeschlossen haben, müssen Sie zuerst feststellen, ob beide oder nur einer von Ihnen Versicherungsnehmer bei der jeweiligen Versicherung sind. Wenn beide Versicherungsnehmer sind, sollten Sie sich mit der Versicherungsgesellschaft über eine Aufteilung der Versicherung einigen. Eine Kündigung und Auszahlung des Rückkaufswerts gilt es möglichst zu vermeiden, weil dies meistens mit einem großen finanziellen Verlust verbunden ist.

Begünstigte

Ist nur einer der Ehegatten Versicherungsnehmer bei der Lebensversicherung, hat er in der Regel den anderen Ehegatten als Begünstigten eingesetzt. Während der Scheidung sollten Sie natürlich überlegen, ob Sie nicht lieber die Kinder oder eine andere Person als Begünstigte einsetzen wollen. Eine solche Änderung können Sie Ihrer Versicherungsgesellschaft durch ein formloses Schreiben mitteilen.

Private Haftpflichtversicherung

Die meisten Ehepaare haben auch eine private Haftpflichtversicherung. Diese läuft regelmäßig nur auf einen der Ehegatten, der andere ist automatisch mitversichert. Der Versicherungsschutz für den mitversicherten Ehegatten endet mit der Rechtskraft des Scheidungsurteils. Deshalb sollte sich der Partner, der nicht Versicherungsnehmer gewesen war, schon vor der Ehescheidung um einen eigenen Vertrag bemühen, damit der Versicherungsschutz nahtlos gewährleistet ist. Gemeinsame minderjährige Kinder bleiben übrigens mitversichert, auch wenn sie bei dem anderen Ehegatten wohnen.

Rechtsschutzversicherung

Bei Rechtsschutzversicherungen ist ebenfalls im Allgemeinen ein Ehegatte der Versicherungsnehmer und der andere automatisch mitversichert. Hier endet der Versicherungsschutz mit dem Auszug eines der Ehegatten aus der Ehewohnung. Die Kinder bleiben aber auch nach der rechtskräftigen Scheidung mitversichert, selbst wenn sie beim anderen Ehegatten leben.

To Do

Das müssen Sie bei der Krankenversicherung beachten!

Wenn einer der Ehegatten über den anderen in der gesetzlichen Krankenversicherung mitversichert ist, endet der Versicherungsschutz drei Monate nach der Rechtskraft des Scheidungsurteils. Dies kann fatale Auswirkungen haben, wenn Sie danach erkranken und Ihre Arzt- sowie eventuell Krankenhauskosten selbst bezahlen müssen. Sorgen Sie dafür, dass Ihr Versicherungsschutz fortbesteht! Dies können Sie zum Beispiel dadurch erreichen, dass Sie gegenüber der Krankenkasse, bei der Sie noch über Ihren Ehegatten mitversichert sind, erklären, auch in Zukunft dort versichert bleiben zu wollen. Diese Erklärung muss binnen drei Monaten nach Rechtskraft der Scheidung bei dem Versicherer vorliegen!

Wie lösen wir das gemeinsame Aktiendepot auf?

Praxis-Beispiel

Das Oder-Konto

Die Eheleute Müller haben während ihrer Ehe ein gemeinsames Aktiendepot bei einer Bank eröffnet. Dabei handelt es sich um ein so genanntes Oder-Konto, das heißt beide Ehegatten können allein über dieses Konto verfügen.

Grundsätzlich gibt es keine allzu großen Unterschiede zwischen einem Aktiendepot und einem gemeinsamen Girokonto. Die zu beachtenden Punkte beim gemeinsamen Girokonto wurden bereits im ersten Abschnitt dieses Kapitels erklärt. Das Besondere an einem Aktiendepot gegenüber einem Girokonto ist lediglich, dass in dem Aktiendepot kein Geld sondern eben Wertpapiere liegen. Deshalb bestehen nun zwei Möglichkeiten, dieses Depot aufzulösen. Einerseits können Sie mit Ihrer Bank sprechen, dass diese ein weiteres Aktiendepot einrichtet.

Sie haben dann zwei Aktiendepots, die natürlich jeweils auf den Namen eines der Ehegatten laufen sollten. Auf diese beiden Aktiendepots können Sie die vorhandenen Wertpapiere verteilen. Diese Lösung bietet sich insbesondere in solchen Fällen an, in denen die Wertpapiere aktuell teilweise unter dem Kaufpreis notieren oder eine Veräußerung aus steuerlichen Gründen nicht angezeigt ist. Die andere Lösung ist, dass die Wertpapiere veräußert werden und der Erlös zwischen den Ehegatten aufgeteilt wird.

Auch bei einem Aktiendepot, über das beide Ehegatten jeweils allein verfügungsberechtigt sind, gilt das zum Girokonto bereits Gesagte. Die alleinige Verfügungsberechtigung der Ehegatten birgt auch hier das Risiko in sich, dass einer der Ehegatten im Alleingang das Depot auflöst.

Experten-Tipp

Kommen Sie Ihrer Frau zuvor!

Wenn Sie befürchten, dass Ihre Ehefrau zu einem solchen Schritt fähig wäre, sollten Sie ihr in jedem Fall zuvorkommen und das Depot selbst auflösen oder die Wertpapiere in ein neu einzurichtendes, allein auf ihren Namen laufendes, Depot umschichten. Diese Vorgehensweise ändert zwar nichts daran, dass Ihre Ehefrau einen Anspruch auf Teilhabe an dem Wert des aufgelösten Depots anmelden kann, stellt aber sicher, dass Ihr Anteil an dem Depot nicht heimlich verschwindet.

Meine Frau macht Schulden – wie kann ich verhindern, dass ich dafür zahlen muss?

Begründete Verbindlichkeiten

Um diese Frage beantworten zu können, muss zuerst geklärt werden, in welchen Fällen Sie überhaupt für die von Ihrer Ehefrau begründeten Verbindlichkeiten haften. Entgegen einer weit verbreiteten Auffassung haften Ehegatten nämlich nicht automatisch für alle Verbindlichkeiten des anderen Ehegatten mit.

Praxis-Beispiel

Muss der Ehemann die Juwelierrechnung seiner Frau bezahlen?

Frau Müller lässt sich von einem Juwelier Schmuck liefern. Als Frau Müller die Rechnung für den Schmuck nicht bezahlt, wendet sich der Juwelier direkt an Herrn Müller. Er fordert ihn auf, diese Rechnung zu begleichen, da Herr Müller dazu verpflichtet sei. ◀

In diesem Beispielsfall soll dahingestellt bleiben, ob die Eheleute zusammen oder im juristischen Sinne getrennt voneinander leben, in der Absicht, sich scheiden zu lassen. Grundsätzlich muss ein Ehegatte für die vom anderen Ehegatten eingegangenen Verbindlichkeiten nur dann haften, wenn er sich selbst gegenüber dem Vertragspartner zur Zahlung verpflichtet hat, also den Vertrag mit abgeschlossen hat.

Kreditverträge

Das ist zum Beispiel bei Kreditverträgen die Regel. In diesen Fällen haften beide Ehegatten als Gesamtschuldner auf die volle Vertragssumme. Herr Müller hat mit dem Juwelier über den Kauf des Schmucks aber keinen Vertrag abgeschlossen. Dementsprechend haftet er auch nicht aus einer eigenen vertraglichen Verpflichtung. Nur in ganz begrenzten, gesetzlich definierten Ausnahmefällen kann es dazu kommen, dass ein Ehegatte für vertragliche Verbindlichkeiten, die der andere Ehegatte begründet hat, mit haftet, ohne selbst einen Vertrag mit dem Vertragspartner geschlossen zu haben.

Diese Fälle sind in § 1357 Abs. 1 BGB geregelt. Danach ist jeder Ehegatte berechtigt, Geschäfte zur angemessenen Deckung des Lebensbedarfs der Familie mit Wirkung auch für den anderen Ehegatten zu besorgen. Durch solche Geschäfte werden beide Ehegatten berechtigt und verpflichtet, es sei denn, dass sich aus den Umständen, die in einem Einzelfall vorliegen, etwas anderes ergibt.

Praxis-Beispiel

Eine neue Waschmaschine für Frau Müller – wer trägt die Kosten?

Frau Müller hat bei einem Versandhändler eine überaus günstige Waschmaschine bestellt, da die alte defekt war und sich nicht mehr reparieren ließ. Die Rechnung soll ihr Mann bezahlen.

In diesem Fall muss Herr Müller die Rechnung des Versandhandels tatsächlich bezahlen, da das von Frau Müller getätigte Geschäft „der angemessenen Deckung des familiären Lebensbedarfes" diente. Zu solchen Geschäften gehören insbesondere der Kauf von Lebensmitteln, Hausrat und einzelner Einrichtungsgegenstände (dazu zählt jedoch nicht die gesamte Wohnungseinrichtung), die Anschaffung von Kleidungsstücken für die Kinder und den haushaltsführenden Ehegatten sowie Ausgaben für die Kindererziehung, Spielzeug, Schulbücher und Ähnliches. Da der Kauf von Schmuck jedoch keinen familiären Lebensbedarf abdeckt, fällt er nicht unter die Vorschrift des § 1357 BGB. Wie bereits erwähnt, muss Herr Müller deshalb die Rechnung des Juweliers nicht bezahlen, da er bei diesem Geschäft nicht mitverpflichtet worden ist.

Mitverpflichtung

Sie sehen, dass nur in ganz wenigen Fällen eine Mitverpflichtung für Sie entsteht, wenn Ihre Frau Verträge abschließt. Aber auch die gesetzliche Mitverpflichtung für die so genannten Geschäfte, die der Deckung des Lebensbedarfs der Familie dienen, entfällt, sobald die Eheleute getrennt leben, in der Absicht, sich scheiden zu lassen. Deshalb können Sie dem Treiben Ihrer Ehefrau nach der Trennung gelassen zusehen, solange Sie sich nicht durch Ihre Unterschrift gegenüber dem Vertragspartner mitverpflichten.

Experten-Tipp

So beugen Sie Missverständnissen vor!

In seltenen Ausnahmen kann es notwendig werden, dass Sie gegenüber einem Vertragspartner Ihrer Frau erklären, dass Sie für die von ihr eingegangenen Verbindlichkeiten nicht mehr haften. Das ist zum Beispiel dann ratsam, wenn Sie während der Ehe diesem Vertragspartner Rechnungen Ihrer Ehefrau bezahlt haben, die nichts mit der Deckung des angemessenen Lebensbedarfs der Familie zu tun hatten. Haben Sie also bisher anstandslos die Rechnungen des Dessousgeschäfts bezahlt, sollten Sie den Inhaber sicherheitshalber über Ihre Trennung informieren und ihm deutlich machen, dass Sie für derartige Verbindlichkeiten in Zukunft nicht mehr haften möchten.

Streiten bis zuletzt – wer zahlt das?

Wenn Sie und Ihre Ehefrau es nicht schaffen, sich über die vielen Fragen, die im Zusammenhang mit einer Scheidung geregelt werden müssen, zu einigen, verzögert sich das gesamte Scheidungsverfahren – und dementsprechend erhöhen sich auch die durch das Verfahren anfallenden Kosten. Welche Kosten entstehen können, wie hoch diese ausfallen werden und wer dafür aufkommen muss, erfahren Sie in den Ausführungen auf den folgenden Seiten.

Anfallende Kosten

Wie hoch sind die Scheidungskosten?

Die bei einer Scheidung entstehenden Kosten setzen sich im Normalfall aus den Gerichtskosten und den Anwaltskosten zusammen. Deren Höhe richtet sich nach dem so genannten Streitwert.

Streitwert

Um die Höhe dieser Streitwerte zu berechnen, werden gesetzliche Regelungen herangezogen. Dabei gelten für die einzelnen Verfahren, die im Rahmen einer Scheidung durchgeführt werden, ganz unterschiedliche finanzielle Regelungen:

Pauschalen

- Der Wert des Scheidungsverfahrens selbst richtet sich nach den Einkommens- und Vermögensverhältnissen der beteiligten Parteien. Angesetzt wird dabei das dreifache Nettoeinkommen der Eheleute. Einige Gerichte reduzieren den auf diese Weise ermittelten Streitwert um gewisse Pauschalen.
  Das kann zum Beispiel der Fall sein, wenn Kinder vorhanden sind oder wenn die Scheidung einvernehmlich verläuft. Sie erhöhen den Streitwert, wenn die Ehegatten über besonders gute Vermögensverhältnisse verfügen. Erhalten Sie ein monatliches Nettoeinkommen in Höhe von 1.500 Euro und Ihre Ehefrau ein monatliches Einkommen in Höhe von 750 Euro, ergibt dies einen Streitwert für das Scheidungsverfahren von insgesamt 6.750 Euro. Eventuelle Abzüge oder Erhöhungen sind dabei nicht berücksichtigt.

- Der Wert des Versorgungsausgleichsverfahrens richtet sich nach dem Zwölffachen der zu übertragenden Anwartschaften, beläuft sich aber immer mindestens auf 500 Euro. Müssen Sie Ihrer Ehefrau Rentenanwartschaften in Höhe von 100 Euro monatlich übertragen, entspricht dies einem Streitwert für das Versorgungsausgleichsverfahren in Höhe von 1.200 Euro.

Sorgerecht und/oder Umgangsrecht

- Verfahren über das Sorgerecht und/oder das Umgangsrecht werden jeweils mit 900 Euro bewertet. Nur in seltenen Ausnahmenfällen werden hier höhere Streitwerte angesetzt.
- Der Streitwert in Unterhaltsverfahren berechnet sich nach dem Zwölffachen des verlangten Unterhalts. Verlangt Ihre Ehefrau für sich monatliche Unterhaltszahlungen in Höhe von 250 Euro und für die Kinder in Höhe von insgesamt ebenfalls 250 Euro, ergibt das einen Streitwert von 6.000 Euro.

Ausgleich des Zugewinns

- In Verfahren über den Ausgleich des Zugewinns bestimmt sich der Wert nach dem verlangten Zugewinnausgleichsbetrag. Fordert Ihre Ehefrau also als Zugewinnausgleich einen Betrag in Höhe von 30.000 Euro, so entspricht der Streitwert eben diesen 30.000 Euro.
- In Verfahren über die Aufteilung des Hausrats bemisst sich der Streitwert nach dem Wert der betreffenden Hausratsgegenstände. Auch hier können sehr schnell hohe Beträge zusammenkommen.

Zunächst werden sämtliche im Scheidungsverfahren angefallenen Streitwerte addiert. Aus dieser Summe können die Gerichts- und Anwaltskosten berechnet werden.

Gerichtskostengesetz

Nachstehend ist ein Auszug aus dem Gerichtskostengesetz abgedruckt, aus dem Sie beispielhaft erkennen können, welche Gerichtskosten bei welchen Streitwerten anfallen. Abgedruckt sind die Sätze für jeweils eine einzelne Gebühr. Wenn das Gericht in einem Urteil über den Rechtsstreit entscheidet, fallen diese Gebühren jedoch insgesamt dreimal an. Einmal für den Prozess als solchen und noch zweimal für das Urteil.

Bei einer Scheidung mit einem Streitwert bis zu 4.500 Euro fallen deshalb Gerichtskosten in Höhe von insgesamt 339 Euro (3 x 113 Euro) an. Wenn noch Zeugen und Sachverständige befragt werden müssen, steigen die Kosten, die letztendlich von den streitenden Parteien zu zahlen sind, überdies erheblich.

Gerichtskosten – Auszug aus dem Gerichtskostengesetz

Auszug: Gerichtskostengesetz

Streitwert bis	10/10	Streitwert bis	10/10	Streitwert bis	10/10
300,00	25,00	3.000,00	89,00	8.000,00	166,00
600,00	35,00	3.500,00	97,00	9.000,00	181,00
900,00	45,00	4.000,00	105,00	10.000,00	196,00
1.200,00	55,00	4.500,00	113,00	13.000,00	219,00
1.500,00	65,00	5.000,00	121,00	16.000,00	242,00
2.000,00	73,00	6.000,00	136,00	19.000,00	265,00
2.500,00	81,00	7.000,00	151,00	22.000,00	288,00

CD-ROM

Die Anwaltskosten, die im Rahmen eines gerichtlichen Verfahrens entstehen, können Sie aus dem folgenden Auszug aus der Bundesrechtsanwaltsgebührenordnung (BRAGO) ablesen. Die Anwaltsgebühren werden in Prozess-, Verhandlungs-, Beweis- und Vergleichsgebühr unterteilt. Für jedes Verfahren fallen normalerweise sowohl die Prozess- als auch die Verhandlungsgebühren an.

Beweisgebühr

Werden zusätzlich Zeugen gehört oder vom Gericht Sachverständige eingeschaltet, wird auch die Beweisgebühr berechnet. Eine Beweisgebühr müssen Sie ebenfalls bezahlen, wenn Sie und Ihre Frau zu den Voraussetzungen der Ehescheidung vom Gericht angehört werden. Außerdem kann der Anwalt eine Vergleichsgebühr verlangen, wenn Sie und Ihre Frau in den gerichtlichen Verfahren einen Vergleich abschließen.

Anwaltsgebühren – Auszug aus der BRAGO

10/10 Gebühren bei Tätigkeit im gerichtlichen Verfahren
7,5/10 Gebühren bei Tätigkeit in außergerichtlichen Verfahren (Mittelgebühr)
15/10 Gebühr bei Vergleich über nicht rechtshängige Folgesachen

Auszug: BRAGO

Streitwert	10/10 Gebühr	7,5/10 Gebühr	15/10 Gebühr
300,00	25,00	18,75	37,50
600,00	45,00	33,75	67,50
900,00	65,00	48,75	97,50

1.200,00	105,00	78,75	157,50
2.000,00	133,00	99,75	199,50
2.500,00	161,00	120,75	241,50
3.000,00	189,00	141,75	283,50
3.500,00	217,00	162,75	325,50
4.000,00	245,00	183,75	367,50
4.500,00	273,00	204,75	409,50
5.000,00	301,00	225,75	451,50
6.000,00	338,00	253,50	507,00
7.000,00	375,00	281,25	562,50
8.000,00	412,00	309,00	618,00
9.000,00	449,00	336,75	673,50
10.000,00	486,00	364,50	729,00
13.000,00	526,00	394,50	789,00
16.000,00	566,00	424,50	849,00
19.000,00	606,00	454,50	909,00
22.000,00	646,00	484,50	969,00
25.000,00	686,00	514,50	1.029,00
30.000,00	758,00	568,50	1.137,00

CD-ROM

Da eine Vielzahl an Kombinationen von Streitwerten, Verfahren und anfallenden Gebühren denkbar ist, werden hier keine einzelnen Berechnungsbeispiele aufgeführt. Die entstehenden Kosten müssen jeweils für den Einzelfall ermittelt werden.

Experten-Tipp

Fragen Sie Ihren Anwalt, mit welchen Kosten Sie rechnen müssen

Wenn Sie einen Anwalt zu einer Erstberatung aufsuchen, darf er Ihnen nicht mehr als 185 Euro zuzüglich der gesetzlichen Mehrwertsteuer berechnen. Dies ist unabhängig von dem Gegenstandswert der Beratung. Fragen Sie Ihren Anwalt in diesem Gespräch, welche Kosten bei der Scheidung voraussichtlich auf Sie zukommen werden. Da er dann einen Überblick über Ihre tatsächlichen Verhältnisse hat, erhalten Sie eine viel bessere Prognose, als es Ihnen selbst anhand einzelner Rechenbeispiele möglich wäre. ◂

Prozesskostenhilfe

Falls Sie angesichts der Höhe des Betrags Zweifel haben, ob Sie sich eine Scheidung sozusagen überhaupt leisten können, sollten Sie Prozesskostenhilfe beantragen. In den allermeisten Scheidungsverfahren wird beiden Parteien diese Unterstützung bewilligt, so dass die finanziellen Belastungen letztlich für jeden tragbar sind. Mehr über Prozesskostenhilfe erfahren Sie im nächsten Abschnitt.

Scheidungskosten können von der Steuer abgesetzt werden!

Scheidungskosten können in bestimmtem Umfang auch steuerlich geltend gemacht werden. Die entsprechenden Beträge sind abhängig von Ihrem Einkommen und davon, wie viele Kinder Sie haben. Informieren Sie sich bei Ihrem Anwalt oder Steuerberater über diese Möglichkeit.

Bekomme ich Prozesskostenhilfe?

Da die Kosten einer Ehescheidung auch in einfach gelagerten Fällen sehr schnell Beträge von 1.000 Euro und mehr erreichen, spielt gerade im Familienrecht die Prozesskostenhilfe eine wesentliche Rolle. Die Prozesskostenhilfe ist eine staatliche Sozialleistung, die es auch finanziell schwächer gestellten Personen ermöglichen soll, einen Prozess mithilfe eines Anwalts zu führen. Voraussetzung für die Bewilligung von Prozesskostenhilfe ist zum einen, dass Sie bedürftig sind, zum anderen, dass die von Ihnen beabsichtigte Klage Aussicht auf Erfolg hat. Darüber hinaus dürfen Sie gegenüber Ihrem Ehegatten keinen Anspruch auf Prozesskostenvorschuss haben.

Ratenzahlung

Wenn Ihnen Prozesskostenhilfe bewilligt worden ist, müssen Sie keine Gerichtskosten zahlen, und Ihr Anwalt rechnet seine entstandenen Kosten und Gebühren gegenüber der Staatskasse und nicht gegenüber Ihnen ab. Prozesskostenhilfe kann ohne oder mit Ratenzahlung bewilligt werden. Bei Ratenzahlung ist die maximale Anzahl der Raten auf 48 Monatsraten beschränkt. Das Gericht kann in einem Zeitraum von vier Jahren nach der Bewilligung der Prozesskostenhilfe Auskunft über Ihr aktuelles Einkommen verlangen und gegebenenfalls nachträglich Raten festsetzen.

Eine feste Grenze beim Einkommen, ab der keine Prozesskostenhilfe mehr gewährt wird, existiert nicht. Dies hängt damit zusammen, dass nicht nur das reine Nettoeinkommen, sondern beispielsweise ebenfalls die Unterhaltsverpflichtungen gegenüber Angehörigen, Mietzahlungen, Kreditverpflichtungen im angemessenen Rahmen und ähnliche besondere Belastungen berücksichtigt werden. Deshalb kann selbst bei mittleren bis höheren Nettoeinkommen von bis zu 2.000 oder gar 2.500 Euro Prozesskostenhilfe – gegebenenfalls mit Ratenzahlung – bewilligt werden. Da die maximale Anzahl der Raten wie gesagt auf 48 Monatsraten beschränkt ist, kann sich dies immer noch lohnen. Ihre Einkommens- und Vermögensverhältnisse sowie Ihre abzusetzenden Ausgaben müssen Sie in einem Formular – welches den schönen Namen „Erklärung über die persönlichen und wirtschaftlichen Verhältnisse bei Beantragung von Prozesskostenhilfe" trägt – zusammen mit den entsprechenden Nachweisen dem Gericht darlegen.

Anwaltskosten der Gegenseite

Sollte Ihnen Prozesskostenhilfe bewilligt worden sein, heißt das allerdings nicht, dass Sie völlig risikolos klagen können. Wenn Sie nämlich den Prozess verlieren, müssen Sie die Anwaltskosten der Gegenseite tragen. Da das Gericht aber vor der Bewilligung die Erfolgsaussichten der beabsichtigten Klage prüft, können Sie sich relativ sicher sein, dass Sie den anschließenden Prozess auch gewinnen werden.

Experten-Tipp

Das sollten Sie beim Antrag auf Prozesskostenhilfe beachten

Wenn Sie für das Scheidungsverfahren Prozesskostenhilfe beantragen, wird Ihnen diese – bei entsprechender Bedürftigkeit – immer dann bewilligt, wenn das Trennungsjahr abgelaufen ist und Sie Ihren Scheidungsantrag auf die Zerrüttung der Ehe stützen.

Gerichts- und Anwaltskosten

Die Prozesskostenhilfe für das Scheidungsverfahren umfasst auch die im Versorgungsausgleichsverfahren anfallenden Gerichts- und Anwaltskosten. Ein gesonderter Antrag ist hierfür nicht erforderlich. Anders sieht es aus, wenn Sie weitere Verfahren wie beispielsweise das Verfahren über den Zugewinnausgleich oder über das Umgangsrecht mit den gemeinsamen Kindern in das Scheidungsverbundverfahren einbringen. Für all diese Verfahren müssen Sie einen gesonderten Prozesskostenhilfeantrag stellen. Solange sich an Ihren Einkommens- und Vermögensverhältnissen seit dem ersten Antrag nichts geändert hat, müssen Sie das erwähnte Formular zu Ihren finanziellen Verhältnissen jedoch nicht erneut einreichen.

Beantragen Sie Prozesskostenhilfe, auch wenn Sie keinen Anwalt haben

Experten-Tipp

Sollten Sie sich in Ihrem Verfahren nicht von einem Anwalt vertreten lassen, ist es trotzdem ratsam, Prozesskostenhilfe zu beantragen, da sie ja auch die anfallenden Gerichtskosten abdeckt. Diese können ganz erheblich sein, zum Beispiel wenn in einem Sorgerechtsverfahren ein Sachverständiger beauftragt wird, ein psychologisches Gutachten zu erstellen. Dabei entstehen schnell Kosten in Höhe von 2.500 bis 5.000 Euro, die von den Beteiligten – also von Ihnen und Ihrer Ehefrau – im Normalfall hälftig zu tragen wären. ◂

Muss ich den Anwalt meiner Frau bezahlen?

Auch wenn Sie es kaum glauben möchten, bei entsprechenden Einkommens- und Vermögensverhältnissen kann es durchaus vorkommen, dass Sie den Anwalt Ihrer Ehefrau ebenfalls bezahlen müssen. § 1360 a Abs. 4 BGB sagt dazu: Ist ein Ehegatte nicht in der Lage, die Kosten eines Rechtsstreits zu tragen, der eine persönliche Angelegenheit betrifft, so ist der andere Ehegatte verpflichtet, ihm diese Kosten vorzuschießen, soweit dies der Billigkeit entspricht.

Prozesskostenvorschuss

Kommt nun der Anwalt Ihrer Frau auf den Gedanken, von Ihnen Prozesskostenvorschuss zu verlangen, damit er Ihre Ehefrau von Ihnen scheiden kann, haben Sie in der Regel zwei Möglichkeiten, diesen Anspruch abzuwehren. Entweder lassen Sie sich von Ihrem Anwalt ausrechnen, ob Sie nicht gegebenenfalls selbst berechtigt wären, Prozesskostenhilfe vom Gericht bewilligt zu bekommen. Solange Sie nicht ein überdurchschnittlich hohes Einkommen erzielen und außerdem Unterhalt zahlen müssen, ist dies durchaus denkbar. Allein der Umstand, dass Ihnen Prozesskostenhilfe bewilligt würde – egal ob Sie den Antrag tatsächlich stellen oder nicht – bewirkt, dass Sie Ihrer Ehefrau gegenüber nicht verpflichtet sind, einen Prozesskostenvorschuss zu bezahlen.

Ausdrückliche Bestimmung

Hätte ein Antrag auf Prozesskostenhilfe allerdings keine Aussicht auf Erfolg, weil Sie über ein sehr hohes Einkommen oder über erhebliches Vermögen verfügen, sollte geprüft werden, ob Sie Ihrer Ehefrau gegenüber im Rahmen eines Zugewinnausgleichs (s. Seite 100) ausgleichspflichtig sind. In diesem Fall könnten Sie Ihrer Ehefrau beziehungsweise deren Anwalt vorab einen

Geldbetrag überweisen, der Ihren voraussichtlich zu leistenden Zugewinnausgleich nicht übersteigt. Die Überweisung muss mit der ausdrücklichen Bestimmung erfolgen, dass sie auf die zu erwartende Zugewinnausgleichsforderung angerechnet werden soll. Da Ihre Ehefrau nunmehr über entsprechende eigene Mittel verfügt, läuft der Anspruch auf Prozesskostenvorschuss ins Leere.

Erbt meine Frau auch nach unserer Trennung noch von mir?

Erbenstellung der Ehefrau

Die gesetzliche Regelung sieht so aus, dass sich an der Erbenstellung Ihrer Ehefrau allein aufgrund der Trennung nichts ändert. Das gesetzliche Erb- und Pflichtteilsrecht erlischt erst dann, wenn die Voraussetzungen für eine Scheidung der Ehe gegeben waren – also beispielsweise das Trennungsjahr abgelaufen war – und Sie zum Zeitpunkt Ihres Todes die Scheidung bereits beantragt hatten oder ihr zugestimmt hatten (§ 1933 Satz 1 BGB).

Wenn Sie bisher allein ein Testament gemacht hatten oder noch überhaupt kein Testament haben, können Sie nach der Trennung die Erbenstellung Ihrer Ehefrau dadurch beseitigen, dass Sie nun ein Testament errichten, in dem Sie zum Beispiel die gemeinsamen Kinder oder Ihre Eltern zu Ihren Erben berufen. Dies ändert allerdings nichts daran, dass Ihre Ehefrau im Falle Ihres Todes einen Pflichtteilsanspruch hat.

Der Pflichtteilsanspruch beläuft sich auf die Hälfte des gesetzlichen Erbteils. Der gesetzliche Erbteil hängt wiederum davon ab, wie viele Erbberechtigte vorhanden sind. Der Pflichtteilsanspruch kann Ihrer Frau nur dann genommen werden, wenn sie sich erheblicher Verfehlungen Ihnen gegenüber schuldig gemacht hat.

Widerruf nach Trennung

Haben Sie während der Ehe mit Ihrer Ehefrau ein gemeinschaftliches Testament errichtet, in dem Sie sich gegenseitig zu Alleinerben eingesetzt haben, können Sie nach der Trennung dieses Testament widerrufen. Bei einem solchen Widerruf sind bestimmte Formalien einzuhalten, weshalb Sie auch hierfür unbedingt den Rat eines Anwalts oder Notars einholen sollten. Es reicht jedoch keinesfalls aus, dass Sie ein Einzeltestament errichten und darin Ihre Ehefrau enterben.

Das sollten Sie beim Testament bedenken

Wenn Sie nach der Trennung von Ihrer Ehefrau ein Testament errichten, in dem Sie Ihre Kinder als Erben einsetzen, damit Ihre Frau von Ihnen nichts mehr erbt, bedenken Sie auch den Fall, dass Ihre Kinder vor Ihrer Ehefrau versterben könnten. Dann würde nämlich Ihr Vermögen auf dem Umweg über die Kinder doch wieder Ihrer Ehefrau zufallen.

Wenn Sie diesen Fall ausschließen wollen, gibt es dafür rechtliche Möglichkeiten, die aber einer ausführlichen Beratung durch einen Anwalt oder Notar bedürfen. Eine spezielle Empfehlung kann deshalb an dieser Stelle nicht gegeben werden.

Mediation – eine Alternative für uns?

Idealfall

Wie Sie in den vorigen Kapiteln gesehen haben, gibt es bei einer Scheidung viele unterschiedliche Punkte, die geregelt werden müssen. Manchen Ehepaaren gelingt es, diese Fragen einvernehmlich ohne die Hilfe von Dritten zu klären. Dabei handelt es sich jedoch um Idealfälle, die bei Scheidungen leider nur sehr selten vorkommen.

Wenn Sie sich mit Ihrer Ehefrau nicht einigen können, haben Sie die Möglichkeit, die Gerichte entscheiden zu lassen. Oftmals kommt es dabei aber zu einer weiteren Verhärtung der Fronten, da am Ende eines Prozesses sich meistens einer der Beteiligten als Gewinner und der andere als Verlierer fühlt. Infolgedessen wird es immer schwieriger, für weitere Fragen gemeinsam Lösungen zu finden.

Mediationsverfahren

Um dies zu vermeiden, bietet sich als Alternative ein Mediationsverfahren an. Das Ziel einer solchen Vermittlung ist es, dass die Eheleute selbstbestimmt eine faire Vereinbarung finden, welche die Interessen und Bedürfnisse beider Partner angemessen berücksichtigt. Gegenstand dieser Vereinbarung sind normalerweise Regelungen zum Sorge- und Umgangsrecht, zum Versorgungs- und Zugewinnausgleich, zur Aufteilung des Hausrats sowie zum Kindes- und Ehegattenunterhalt. Die Vereinbarung muss in den meisten Fällen vom Notar beurkundet werden, da sie Regelungen zum ehelichen Güterrecht (Zugewinngemeinschaft) und zu Unterhaltsfragen enthält. Aufgrund der notariellen Beurkundung wird – wenn nötig – eine Zwangsvollstreckung möglich.

Experten-Tipp

Lassen Sie Ihre Mediationsvereinbarung vom Anwalt überprüfen!

Auch wenn Sie im Rahmen eines Mediationsverfahrens eine Vereinbarung zwischen Ihnen und Ihrer Ehefrau aufgesetzt haben, sollten Sie den Entwurf durch Ihren Anwalt überprüfen lassen. Dies gilt insbesondere, wenn Sie das Mediationsverfahren nicht bei einem Rechtsanwalt absolviert haben, der eine Zusatzausbildung als Mediator hat, sondern bei einem Psychologen oder einem Pädagogen mit Mediatorenausbildung.

Aufarbeitung der Eheprobleme

Bis die Partner im Rahmen eines Mediationsverfahrens eine Lösung gefunden haben, können viele Wochen und Treffen ins Land gehen. Dabei kommt es oft zu Streit zwischen den Eheleuten, die bei diesen Treffen versuchen, ihre Eheprobleme aufzuarbeiten. Ein guter Mediator wird das Gespräch so lenken, dass eine Vergangenheitsbewältigung nur erfolgt, wenn sie erforderlich ist, um für die Zukunft sinnvolle Regelungen zu finden.

Experten-Tipp

Mediation ist keine Paartherapie

Ganz deutlich muss gesagt werden, dass die Mediation nicht die Aufgabe hat, die Ehe wieder zu kitten. Mediation ist keine Paartherapie! Dem Mediator kommt die Aufgabe zu, den Dialog der Eheleute zu begleiten, gegenseitige Schuldzuweisungen zu unterbinden und Offenheit von jedem der Ehegatten hinsichtlich seiner finanziellen Verhältnisse einzufordern.

Ehepaare, die ein Mediationsverfahren erfolgreich abgeschlossen haben, beurteilen die Mediation durchweg positiv. Oftmals war es Ihnen erst dadurch wieder möglich, Streitpunkte, insbesondere diejenigen, welche die gemeinsamen Kinder betreffen, einverständlich zu regeln. Zwischen den Eheleuten ist eine neue Ebene entstanden, auf der sie gut miteinander kommunizieren können.

Basis für angemessenen Umgang

Ein Mediator verlangt im Durchschnitt 100 bis 175 Euro pro Stunde. Da erfahrungsgemäß zirka zehn Treffen von jeweils zwei Stunden erforderlich sind, um eine tragfähige Vereinbarung zu erarbeiten, ergeben sich Kosten in Höhe von 2.000 Euro bis 3.500 Euro. Ob dies billiger oder teurer kommt, als wenn Sie alles vom Gericht entscheiden lassen und dann auch dementsprechend Ihre Anwälte bezahlen müssen, lässt sich immer nur im Einzelfall beurteilen. Ziel der Mediation ist es aber eben auch nicht, Geld zu sparen. Vielmehr geht es darum, eine Basis dafür zu schaffen, dass Sie und Ihre Frau nach der Scheidung wieder zu einem angemessenen Umgang miteinander finden.

Informieren Sie sich über Mediatoren

Experten-Tipp

Im nächsten Abschnitt finden Sie die Adresse der Bundesarbeitsgemeinschaft für Familien-Mediation. Wenden Sie sich dorthin, wenn Sie weitere Informationen über die Mediation wünschen. Auf der Internetseite dieses Vereins können Sie auch nach Mediatoren suchen, die in der Nähe Ihres Wohnorts aktiv sind.

Wo finde ich weitere Hilfe und Tipps?

Hilfe bei Trennung und Scheidung

Die nachfolgend genannten Vereine können Ihnen auf verschiedenste Art und Weise helfen, Trennung und Scheidung zu bewältigen. Informieren Sie sich kostenlos und unverbindlich im Internet über das jeweilige Angebot. Die Vereine haben teilweise regionale Kontaktstellen eingerichtet, die in regelmäßigen Abständen Vortragsabende veranstalten. Das dichteste Netz hat wohl der ISUV/VDU aufgebaut.

ISUV/VDU e.V.
Interessenverband Unterhalt und Familienrecht
Postfach 21 01 07, 90119 Nürnberg
Tel.: 09 11/55 04 78 oder 09 11/53 56 81
Fax: 09 11/53 30 74
http://www.isuv.de

paPPa.com e.V.
Postfach 37 02 53, 14132 Berlin
http://www.pappa.com

Väter für Kinder e.V.
Postfach 38 02 68, 80615 München
http://members.aol.com/vfk/

Väteraufbruch für Kinder e.V.
Palmental 3, 99817 Eisenach
Bundes-Väter-Hotline
Tel.: 07 00/82 83 77 83 (07 00-Vaterruf)

Fax: 07 00/82 83 73 29 (07 00-Vaterfax)
http://www.vafk.de

Wer weitergehende Informationen zum Thema Mediation sucht, wendet sich an die folgende Adresse. Auf der Homepage finden Sie auch Mediatoren in Ihrer Nähe.

Bundesarbeitsgemeinschaft für Familien-Mediation e.V.
c/o RA Christoph C. Paul
Eisenacher Str. 1, 10777 Berlin
Tel.: 0 30/23 62 82 66
Fax: 0 30/2 14 17 57
http://www.bafm-mediation.de

Stichwortverzeichnis